誰でも発明家になれる！

できることをコツコツ積み重ねれば道は開く

一般社団法人発明学会会長
東京日曜発明学校校長
中本繁実［著］

日本地域社会研究所

コミュニティ・ブックス

言葉遊び（ダジャレ）で、その場が和む！

私の言葉遊び（ダジャレ）は、講義、講演のときだけでなく、日常の会話でも、活躍（!?）しています。

結婚式でも、参列者全員に協力をいただいて、笑い（話題）を提供しています。

このように、いつも、私と言葉遊び（ダジャレ）は一緒です。ノミ（飲み）ニュケーションを楽しんでいますが、そのとき、私をサポートしてくれるのが、言葉遊び（ダジャレ）です。

夜間の学校で、10年間学び、得たもの――「道は開ける」ということ

・長崎工業高校 電子工学科（定時制）　4年間
・夜間の予備校（数学、物理、英語・3科目 科目履修）　2年間
・工学院大学 工学部 電気工学科（2部）　4年間

中学を卒業して、働きながら、10年間・夜間（定時制・2部）の学校で学びました。

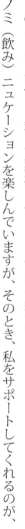

いきなりですが、問題です。題材は、いつも見ていて、何年も使っている硬貨です。

問題2は、硬貨だけに、効果（硬貨）がありますよ。

◆問題1
5円玉と50円玉／10円玉と100円玉の大きさの問題です。

さて、どちらが大きいですか。

答えは、5円玉／10円玉です。大切にしてくださいね。
※5円玉は、○○さんと御縁（5円）があります。
10円玉は、テストのとき、点（10）が取れます。

◆問題2
1円玉、5円玉、10円玉、50円玉、100円玉、500円玉の中から、大好きで、仲がいい、硬貨を一つ選んでください。

その硬貨を見ないで、硬貨の大きさ（直径）の円を2つ描いてください。

その円の中に、表裏の模様（デザイン）を描いてください。

硬貨の大きさ、表裏の模様（デザイン）、描けましたか。

いつも、よく「見ている」ハズなのに、……。描けないでしょう。
※硬貨は、形が○（マル）です。上手く描けなくても〝マル〟といってくれます。

本書の内容がみなさまの日常の会話の一コマに、言葉遊び「ダジャレ」があって、笑い（話題）になることを期待しています。硬貨（効果）の話は、効果があることを願っています。

学生さんから言われます。先生の言葉遊び（ダジャレ）は、高度でわかりにくいですよ。……（!?）そうかなあー、高度では、ないですよ。……、だって、同じ位置でおしゃべりしていますよ。だから、その低度（程度）です。

日常の会話の中で、仕事の会話の中で、……、どこでもいいです。

どこかで、本書が役に立つことを信じて、まとめました。

一人で、本書を読みながら、顔は一個（イッコ）ですが、ニコッとしてください。私もニコッとしています。

そして、〝ありがとう〟を、一日に、何度も言ってください。

〝ありがとう〟は、サンキュー（３９）です。39回です。笑顔は、素敵です。

だから、多いほうがいい、ということです。素敵な笑顔、スマイル（smile）です。

本書を手に取っていただきまして、感謝しています。それも活用していただけそうで、とても嬉しいです。〝ありがとう〟ございます。

はじめに

私は、令和元年の8月で、66歳になりました。国語の文法が苦手で、文章を書くのも苦手な私が記念の1冊目の本『斜視図の描き方』（パワー社刊）を書いたのが30歳のときです。

『斜視図の描き方』の本を書くきっかけを作っていただいたのが、発明学会の創設者の豊澤豊雄先生（明治40年生）です。このとき、「道が開ける」と思いました。本書が62冊目です。目標は、年齢の数だけの著書です。

その当時、学歴コンプレックスで悩み、愚痴をこぼしていました。そういう私を前向きに指導してくれました。いつも、中本くん、本を書くと、これから、いいことがいっぱいあるよ、と言ってすすめるのです。

また、中本くん、君も、頭が悪い、と思っていたら、ナンバーワンにはなれないから、この種の本は、一つしかない、と言えるような、オンリーワンを探して、本を書けばいいんだよ、……、と言っていました。

私は、洒落も大好きですが、お酒も大好きです。それで、豊澤先生は、歌舞伎町（新宿）の割烹料理屋さんに、ときどき、連れていってくれました。

お店で、食事をするとき、よく本の話をしました。本を書いて、忙しくなっても、仕事は、断ってはいけない、など、前向きで、いつも、楽しい話をしてくれました。

飲みに誘ってくれるのに、お酒が大好きなもので、中本くんは、アル中（アルコール中毒）になるなあー、と言って、心配していました。

豊澤先生は、お店でも人気がありました。とにかく、中居さんをほめるのです。料理をほめるのです。サービスをほめるのです。……、ほめ方が上手いんですよ。また、長所の見つけ方が上手かったですね。だから、すごい、勉強になりました。いま、私も実行しています。

その後、本の出版がきっかけになり、工学院大学の先輩が、工学院大学専門学校（当時）電気技術科の電気製図の先生（非常勤の講師）に推薦してくれました。

「斜視図の描き方」の内容は、斜視図（立体図）は物品の形状が一目で理解できる斜視図（立体図）の描き方の本です。この本は、どのページを開いても、製図教育を受けた人でないと理解できなかった壁を破ったのです。そして、製図法を知らない人が、そこから、楽しく斜視図(立体図）が描けるように編集しました。したがって、独学でも、なんの抵抗もなく入門できます。

それがこの本の特徴です。

「斜視図の描き方」を書くきっかけをいただいたのは、製図の本をたくさん出版されている大同工業大学の機械工学科設計製図研究室の近藤巌先生です。私が立体図の描き方の勉強をしたとき、参考書に選んだ本の著者が近藤先生でした。

刊行の機会をいただいたのは、パワー社社長の原田守さんです。『斜視図の描き方』の本がきっかけになり、続けて、特許製図の本を2冊書きました。

専門学校の夜間部の学生にも、製図と知的財産権の科目を教えるようになりました。日々、忙しくなりました。「兼サラ（兼業サラリーマン）」がスタートしました。

教える立場になってから、最初の頃は、厳しく教えていました。……、すると、学生は授業についてこられなくなり、欠席する人が増えてきました。

それでは、単位が取れなくて、卒業できなくなるので、クラスで飲み会をして、全員で卒業できるように、交流会を通じて懇親を深める機会を作りました。

その頃です。セクハラやパワハラが問題になりました。スキンシップもできなくなりました。それでは、先生と学生と距離ができてしまいます。

それからです。私は、言葉遊び（ダジャレ）をコミュニケーションツールとして使って、学生と言葉のスキンシップをしようと考えました。

だから、講義中、講演中、日常の会話の中で、言葉遊び（ダジャレ）を使って、勝手に、飛ばし（都バス）ます。都バスに乗って、急いで会場に来たからね、……、といった調子です。この話題は、都（東京都）バスが走っている地域の一部で使っています。このように、考えることは、思いつきです。

たとえば、数学の学習のように、何時間も、何日も、考えなくてもいいのです。問題に悩まされなくても大丈夫です。入学試験のように、どうしても、問題の解き方を理解しなければならない。……、というものでもありません。

公立（効率）だけを考えてはいけませんよ。私立もあります。わかっています。知り尽くしていますよね。

私が、どうして、言葉遊び（ダジャレ）を連発しているのか、……、日常の生活の一部を一冊にまとめました。よろしくお願いいたします。

本書を買っていただき、最後まで、ご一読いただきましてありがとうございます。

令和2年2月

中本繁実

目次

第1章
言葉遊びが大好きな「非常勤お父さん」は町の発明家の「元気の素」になりたい

★我が家では　父のダジャレ　クールビズ

何で〝非常勤お父さん〟なの（!?）

私は、夢を実現したくて、自分のペースで好きなことをやっています。

それで、ほとんど家にいません。

その結果、子どもに〝非常勤お父さん〟と呼ばれるようになったのです。

★言葉遊び（ダジャレ）の一コマ

私は昭和28年（１９５３年）生まれの中本です。

昭和生まれなのに、名前「中本」は、大正（対称）です。

※中本の字の形が左右対称になっています。

気持ちは、平成（平静）です。

※「大正、昭和、平成」を使った言葉遊びです。

中本繁実のプロフィール「私の目標」を聞いてください

次の記事は、金澤志保さんが「パルメイトニュース」（株式会社パルメイト発行・平成６年３月15日号）」に書いてくれたものです。

私、中本繁実のプロフィールです。

紹介させていただきます。ごらんください。

1．学歴コンプレックスをバネに「目標は歳の数だけの著書」

平成６年２月25日号の「話題の窓」で珍発明の取材に、社団法人 発明学会をたずねた際、応対してくれたのが中本繁実さん。

わかりやすく、しかもユーモアあふれるその説明ぶり。

そして、どことなく人をひきつけるあたたかいキャラクター。

これは「タダモノではないぞ」と直感した記者は、さっそく「シリーズ・ひと」のインタビューを依頼。

「人脈づくりは飲み屋で、ノミ（飲む）ニュケーション」という交際術から刻苦勉励のおいたちまで、よどみなくかたる中本さん。

人間的魅力にあふれる中本さんは、まさしく「努力の人」でもあったのでした。

2. 長崎県の実家は農業、7人兄弟（男5人・女2人）の5番目

中本さんは、長崎県の西彼杵《にしそのぎ》半島にある半農半魚の町、西海市大瀬戸町に生まれました。海岸からはかなり離れた山手の戸数37戸の集落にある実家の家業は農業、7人兄弟の5番目（4男）として生を受けたのです。

当時は、戦後の子どもを産みなさい、増やしなさいの時代。子どもは勉強させるより労働力として喜ばれたのです。田植えのときなどは、学校を休んでもいいことになっていま

しょうか。

した。その学校までの距離は、約４㎞。いたいけな子どもの足では小1時間もかかったで

「店までも、約１㎞はありました。ときどき、トラックが行商に来ていました。漁業の人と農業の人が物々交換していたのを覚えています。甘い物もないから虫歯にもならない。日ごろ、お菓子を買ってもらえなかったから、冠婚葬祭《かんこんそうさい》のときについてくるお菓子が一番の楽しみでしたよ」

そんな環境でしたから、その地域の人々は高校に進学する、などという意識は誰ももっていなかったといいます。かりに高校へ行くなら、定時制があたりまえでした。

「オヤジは大工にならせたくて、丁稚奉公《でっちぼうこう》に出そうとしたのです。それで、長崎工業高校(定時制)を受けたけど、第一志望の建築科に落ちて大工はあきらめました。何しろ中学の成績は、ほとんどが3。かろうじて数学だけが4でしたからね」

結局、第2志望の電子工学科へ。昼間の仕事は、三菱の下請けで魚雷《ぎょらい》の設計図を描いている会社に就職しました。

そこで、設計図の描き方を覚えたのだとか。

「その会社でいい上司、先輩とめぐり会えたんですよ。中間、期末の試験のときは、仕事はしなくていいから試験の勉強をしなさい、といつも言ってくれました。やさしい職場でした。でも、最初の成績発表では、40名のクラスの中で、下位の方でした。ところが、クラスメートの多くが昼間の仕事のほうが忙しくなっていました。それで、勉強時間が少なくなったのですよ。僕は普通にやっていたら、卒業するころには、上位5番ぐらいまでになっていました」

「登校するときに、周りの視線がイヤだなあーと感じることもありました。中には定時制に行っているから、と言うだけでいじわるをする人もいました。僕は、そのことがはずかしかった。それで人と違うことをしようと目標をたてたのです。それは、4年間、無遅刻無欠席の目標です。会社も、学校も、目標を達成しましたよ」

3．働きながら、予備校とラジオ講座で受験勉強、大学も2部で

高校（定時制）の4年間は、「暗い生活」だったと話す中本さんですが、3年生のときに、

生徒会の選挙で副会長に立候補（惜しくも落選）。

4年生のときには「暗い生活でもいい人にめぐり会えたこと」を書いて体験発表大会に出場。見事優勝してしまいます。

ところが、一部の企業では、定時制は高卒と認めてくれませんでした。そこで、再び次の目標を定めました。

「中学校の数学の先生になりたい、と理工系の大学をめざして、成績が平均3.7あれば、推薦入学可だ、というので、担任の先生にお願いをして、東京理科大学（理学部・2部）に申請しましたが、だめでした」

卒業後、東京へ上京。株式会社渡辺測器製作所（現・グラフテック株式会社）へ入社し、働きながらラジオ講座と夜間の予備校で、数学、物理、英語の3科目の受験勉強です。

「何しろ、定時制では微分積分は入門しかやらないので、問題を見てもさっぱりわかりませんでした。わからないとくやしいから必死で勉強しました。物理も、英語も同じです」

2年後、工学院大学（工学部 電気工学科・2部）に合格したときは、予備校時代の友人と2人で、赤坂のスナックでしこたまバレンタイン（ウイスキー）を飲み、生涯で一番というほどに酔ったといいます。

その喜びは言いあらわせないくらい嬉しかったことでしょう。

「渡辺測器製作所がこれまたいい会社でね、終業時間を30分早めて大学へ行かせてくれたんです。上司もよかった。僕の担当が官庁相手の営業だったので、前期、後期の試験のときは、午前中に車でまわって、午後は図書館で勉強していればいいよと言ってくれました。2年生からの3年間は、昼間は工学院大学の実験補手の仕事につけたので、ラッキーでした」

働きながら200単位近くを履修、教育科目は夏休み中に履修するなどして、数学、工業の教員免許も取得したというのだから、その勤勉さには頭が下がります。

しかし、指導してくれた教授から理学部を卒業して、数学ばかり勉強（研究）していた人にはかなわないよと言われて数学の先生になることは断念。が、先生への夢はすてきれず卒業後は塾の先生に。

「1年ぐらい続けたものの、収入などの面で不安定でした。それで、就職活動を開始。十数社応募したけど、結果は、全部ダメ。何しろ卒業した時点で25歳……。ちょうどそのころ、発明学会の職員募集の記事を新聞で見ました。社団法人で、定時（17時30分）で仕事も終わりそうだから、教員をめざす受験の勉強ができるかなあー、と甘い気持ちで応募。学科試験はなく面接のみ。ところが、十数人も来ていたし、26歳までの年齢制限を少し過ぎていたからあきらめていました。

これは、あとで聞いた話ですが、印鑑をしっかり押してあったのが、採用の決め手になったようです。……。性格が真面目だし、お願いしたい……と気持ちをこめて押したのが良かったのでしょうね」

4. 著書は15冊を突破、講演もこわくない！

発明学会に入社後も「弁理士受験」の夜間の講座に通って、中本さんの修養は続きます。文章はとにかく苦手だったし、人前でしゃべることも得意じゃなく、ドキドキしてしまう性格でした。ところが、発明学会の創設者の豊澤豊雄先生は、とてもほめ上手で、文章を書くこと、話すことを徹底的に指導してくれました。

つぶしがきくから……つまり、社会は学歴で評価をするところが多いけど、学歴もコネもなく実力もない人が「仲間だと認めてもらうには本しかない」というわけです。

「で、製図のことは知っていたから、製図の本『斜視図の描き方』（パワー社刊）を書き、それがきっかけで、工学院大学専門学校 電気技術科の製図の先生にもなれました。本の原稿は、最初は難しい言葉を使っていたけど、みんながわかる平易な言葉で書けばいいのか、と気がついてから楽な気分で書けるようになりました」

「講演も同じこと。学生時代遊ぶこともなく社交的でもなく、話術なんてなかった。それが、豊澤先生について回り、講演を聞いているうちに、ああ、こんな形で話せばいいんだ、と言うことがわかってきました。豊澤 先生は、１００人くらいの前ならマイクを使ってはいけない。……、と言われるので、大きな声を出してしゃべらなければならず、かえって自信をもって話せるようになりました」

いまでは、テレビの取材が今から行く、と電話してきてもＯＫ。

90分の講演のピンチヒッターだってこわくありません。

中本さんのさらなる目標は、年齢の数だけ本を著すこと。

これまでに著書15冊を突破しており、とりあえず年内の執筆目標は4冊だとか。夢は〝印税生活〟。

しかし、「特許（発明）でも儲けようと思ったら絶対にヒットしない、と言われているから、僕の本もそんな欲をかいていたら、あたらないだろうなあ～。……」と苦笑い。

一転まじめな顔になり、「学生に知的財産権〈産業財産権＋著作権〉のことをわかりやすく教えて、もっと広めたいです。そういった科目を増やしていただきたいです」と抱負をかたります。

5.「面白い先生」と評判、人脈づくりは飲み屋で

「正直、学歴コンプレックスがあります。多摩美術大学の先生になれるとは思ってもみなかったですよ。豊澤先生の講演についていくうちに、単独で話す機会を作ってくれました。カリキュラム編成の際に新しい講座が開かれて、その講師に招かれたのです」

大学院に行っていなくて、論文もありませんでしたが、本をたくさん書いていたのが功

を奏したのですね。

多摩美術大学の講師になって1年。

担当科目は、「芸術家と法律」で、デザインの権利の取り方を中心に教える科目です。

〝面白い先生〟と学生の間で大評判です。

その噂は教授間にも広まり、目下、注目の人なのだとか。

「学生と仲良くなる秘訣は、できるだけ早く名前を覚えて声をかける。そして、スキンシップを……男子学生が多いからね。先生おかしーいんじゃないの、とか言われているけど……」

「授業中に眠られると腹がたつから、君達は彼女（彼）と喫茶店で話をしていても居眠りするのか！　こっちも一生懸命考えているのだから……。ちょっとでもいいから、吸収してほしいですからね」

あとはやれと強く言うと、なかなかやってくれないから……。できるだけほめ、専門用語を使わず小学生でもわかる言葉で教えること……だとか。

ここでいきなり、初恋の温度は何度（!?）……と記者に質問を向ける中本さん。

「初恋は、１度だけです。答えは、１度なんてね（笑）」

これも講義中にまじえる冗談、眠らせない工夫の一つなのだそう。

元来が、気さくで人なつっこい性格の中本さんは、飲み屋で人の輪が広がるといいます。

人脈づくりは飲み屋で、がモットー。

「ずっとつきあっている人と初めて飲みに行って、いやがっている女の子にいたずらするような人だとわかったら、がっかりでしょう。だから、学生でも、社会人でも、まず飲みに誘います」

で、そこで話す内容は、専ら特許（発明）のこと。

「たとえば、スポーツの話をしてもきらいな人は、興味を示さないでしょう。特許（発明）をテーマに話すと誰もいやがらない。すぐ友達になれる。そこで、すかさず発明講義が始まるのです。あるいは、工学院には、製図の専門家が教えに来ているが、先生たちが知らない産業財産権（工業所有権）の話をします。すると、大学の先生と同じ立場になれます。

一方、弁理士の友人たちには、専門外の立体製図（テクニカルイラストレーション）の話をすれば対等になれます」

6. 実績を築いていく

発明学会でのルーティンワークの他に月曜日は工学院、金曜日は多摩美で教え、ときには講演など、多忙をきわめる毎日、そんな中で、人とまめにつきあうのは容易なことではありません。でも、飲む機会は作っています。

もちろん執筆はアフターファイブ。

ウーロン茶でごまかして上手にお酒を飲み、帰宅途中の喫茶店で、原稿をまとめています。休みの日も休日返上です。

連載モノもかかえており、電車の中でも原稿を書くのだそうです。

ところで、中本さんには、作品（発明）はないのでしょうか。

平成元年に出願した作品があります。

権利は取れませんでしたが、最初の作品は名刺のアイデアです。

「僕は年間４００枚くらい名刺の交換をします。後で整理しながらみなおして見たとき、名前と顔が一致しません。それで、誰が何の職業か、などがわからなくなってしまいます。そこで、名刺のうらに資格の認定証などを縮小印刷すればいい」といった作品でした。

次に考えたのは、蛍光灯の遅延回路です。部屋の中で寝るとき、蛍光灯を消して真っ暗になったら布団がどこにあるかわからなくなってしまいますよね。

「電気工学科出身です。だから、電気の回路をどうすればいいかがわかっていました。それで、スイッチを切って数秒してから、蛍光灯が消えるように工夫した回路です。……先願を特許庁で調べたら先行技術があったので出願しませんでしたけどね」

もっとも、中本さんは教える立場にあるので、自分からはあまり考えないのだそうです。

それはともかく、あくまでも前向きにすすむ中本さん。

「有名な大学を出た人は、それだけで高い位置にいます。同じラインにたつまでは、階段を何段ものぼらなければならない。でも負けたくはありません。

本という実績を築いていくしかないのです」

現在の状況です。目標（年齢の数）までには、もう少しです。いま、60冊です。

第2章
私の仕事は知的財産権をやさしく、わかりやすく教えること

特許（発明）って何だろう！
中本繁実の「はじめて学ぶ知的財産権」

★最初のお願い
最初に、お願いしたいことがあります。

特許（発明）を楽しく学んでいただきたくて、中本流の恋愛のたとえ話、楽しい（!?）言葉遊び（ダジャレ）が頻繁に飛び出します。

それでは、楽しみながら、読んでください。よろしくお願いいたします。

前編

1．仲がいい産業財産権（工業所有権）と著作権

●産業財産権「特許・実用新案・意匠・商標」とは

一般的に、〝特許〟〝発明〟〝パテント（Patent）〟といった言葉で代表されています。正式には、「特許・実用新案・意匠・商標」の４つの種類からなり、この４つの権利の種類の総称を**「産業財産権」**と呼びます。

(1) 産業財産権

□①特許（発明） Patent パテント

「PAT.P（Patent pending）：特許出願中」

物の発明、方法の発明を保護します。

特許の権利期間は、出願の日から20年です。

医薬品の一部の分野では、延長登録出願により存続期間は、5年を限度として延長することができます。

□②実用新案（考案） utility model

物品の形状、構造、組み合わせの考案を保護します。

実用新案の権利期間は、出願の日から10年です。

□③意匠（デザイン） design

物品の形状、模様、色彩などのデザインを保護します。

意匠の権利期間は、出願の日から25年（＊）です。＊令和2年4月1日より改正（以下同）。

□④商標（ネーミング、サービスマーク） trademark/service mark

文字、図形、記号、立体的形状の商標を保護します。

商標の権利期間は、設定登録の日から10年です。

一定の要件を満たせば、商標権だけは、存続期間の更新登録の申請をすれば、何回でも期間の更新をすることができます。

それで、商標権は「永久権」ともいわれています。

「®（マルRマーク）：登録商標」（registered trademark）

私「産業財産権（特許、実用新案、意匠、商標）」の自己紹介から聞いてください。

みなさんとは、はじめましてです。

私「産業財産権」は、みなさんの作品を保護します。作品を一番大切にします。これから、「産業財産権」と、長いおつきあいになります。よろしくお願いいたします。

さて、私「産業財産権」は、特許「技術（機能）的な発明」、意匠「物品の形状（デザイン）」、商標「商品の名前（ネーミング）、役務の名前（サービスマーク）」などを保護する人です。

(2) 著作権

□ 著作権　コピーライト Copyright
著作権の権利期間は、本人の死後50年です。映画は公表後70年です。


ここで、私「産業財産権」の大親友のお友だちを紹介させてください。「著作権」です。

著作権は、文芸、学術、美術、音楽など、文化的なものを守る法律です。

思想感情の表現を保護してくれます。

著作権は、優しい人です。おつきあいするのに、登録するのに、お金もかかりません。

それなのに頼りになります。よろしくお願いいたします。

著作権は、たとえば、ここに表現している内容を保護する人です。


本書で表現されている内容は、筆者の私、中本繁実の著作権です。

だから、他の人（第三者）は、本書で表現されている内容を勝手に印刷物（小冊子など）に使うことはできません。

◆産業財産権＋著作権＝知的財産権

「産業財産権」と「著作権」を合わせたものを**「知的財産権（知的所有権）」**といいます。「産業財産権」＋「著作権」＝「知的財産権（知的所有権）」です。

法律的にいうと「無体財産権」のことです。形がない無形の財産ということです。

この知的財産権の言葉も、少し難しい感じがします。はじめての人は、言葉を聞いただけで、いやだあー、……、という人もいるかもしれません。

でも、そんなことはいわないでください。そして、このページを飛ばさないでくださいね。

本だけに本当にお願いいたします。

●楽しい将来「恋人→結婚」のために、メモを取っておこう

今日から、「産業財産権」と「著作権」、楽しいおつきあいをスタートします。「産業財産権」＋「著作権」、よろしくお願いいたします。

「産業財産権」と「著作権」は、お互いに好意をもっています。だから、近い将来、相思相愛「恋人→結婚」になれると思います。期待していますよ。

アツアツの2人が恋をして、デートをしているとき、……、想像してください。

将来の夢を語り合うでしょう。そして、いろいろなルールを決めると思います。約束をすると思います。そのとき、メモを取っておくことです。そして、○年○月○日に約束したことを忘れないように残しておいていただきたいのです。

たとえば、デートをしているとき、ささいなことでケンカをするときもあるでしょう。そういうときって、その雰囲気がまずい。……、と思いながらも、仲直りのタイミングをつかめなくて、2人は困っています。

それを助けてくれるのがメモです。いい意味で仲直りのツールとして使えるかもしれません。

だって、いつまでも意地をはっていてもいいことなんてありませんよ。ここは素直になりましょう。それが一番です。

楽しいことも、嬉しいことも、悲しいことも、苦しいことも、たくさん、経験をしてください。その結果、この人となら〝結婚したい〟と思うようになります。

だから、どちらも大切です。恋人同士だった「産業財産権」と「著作権」が結婚すると、「産業財産権＋著作権＝**知的財産権**」になる。……、ということです。

2. 産業財産権と著作権は別々の権利

●知的財産権〔無体財産権〕

◆知的財産権＝産業財産権＋著作権

（1）産業財産権

□①特許（発明）パテント Patent

特許の権利期間は、出願の日から20年です。

□②実用新案（考案） utility model

実用新案の権利期間は、出願の日から10年です。

□③意匠（デザイン） design

意匠の権利期間は、出願の日から25年です。

□④商標（ネーミング、サービスマーク） registered trademark

商標の権利期間は、設定登録の日から10年です。

（2） 著作権 コピーライト Copyright

著作権の権利期間は、本人の死後50年です。映画は公表後70年です。

●特許は、出願の手続きをして、審査「形式の審査、内容の審査」をする

権利を取るためには、どうすればいいですか。

特許、意匠などは、作品の内容をまとめて権利を取るために、特許庁（〒100—8915東京都千代田区霞が関3—4—3）に、出願の書類を提出します。

それから、審査「形式の審査、内容の審査」をして、登録になって、はじめて権利が発生します。

●著作権は、作品を創作したときに自然に発生

著作権の権利は、自然に発生します。手続きは不要です。

ここで、特許と著作権を簡単にまとめると、特許は登録する、著作権は登録しない、の違いです。著作権は、無登録です。だから、いつでも、○○の作品は、○年○月○日に創作しました。……、と言えます。

その結果、小説家、漫画家の人には、財をなす人が多いといわれています。作品が公表されたとたんに、でき、ふでき、に関係なく著作権が発生しているからです。

しかも、著作権は、本人の死後50年間存続します。

だから、○○の作品の創作物が、いつ、どこで、世に出ようとも、その印税（著作権料）が入ってきます。

●特許の出願は、作品の内容を一番理解している発明者がしよう

技術系の人は、毎日、仕事の中で、新しい製品の開発をしています。小さな発明、大きな発

明をしています。だけど、そのことを本人は気が付いていないのです。

また、特許などの出願の手続きの仕方を知っていても、毎日の仕事が忙しくて、特許庁に出願の手続きをしないケースが多いのかもしれません。

作品の内容を一番理解しているのは発明者です。だから、発明者が出願の書類にまとめて、特許庁に出願しましょう。そうすれば、費用も実費だけですみます。

頼もしい人は、モテます。恋愛でも、仕事が忙しい、今日も残業、と言って、いつも彼女（彼）のことを大切にしていないとマジにダメになりますよ。

ここは、「イエローカード」の注意です。お互いに気を付けましょうね。

中には、特許の出願をプロにお願いする人もいます。

本人は、○○の作品を出願の書類にまとめなくていいです。だから、ラクができるかもしれません。だけど、手数料が、30万円も、50万円もかかります。また、私のデータでは、多くの人が、最初の頃、考えた数件の作品は製品に結び付いていません。

あなたは、恋をして、今後、どうなるかわからないのに、最初のデート代に、30万円も、50万円も、使いますか。そのお金、どうするつもりですか。

デートの時間は、贅沢ができて、楽しいでしょう。だけど、これから、日々の生活を楽しく過ごすことが大切です。ムリをしてはいけませんよ。

●「特許」の出願の書類の書き方は、ラブレター（手紙）を書くよりもやさしい

大切な特許（発明）です。自分の作品です。発明者が育てましょう。だから、ムリをして、お金を使わないで、自分で、特許の出願の書類を書きましょう。作品の内容を一番理解しているのは、発明者のあなたです。

「特許」の出願の書類の書き方は、ラブレター（手紙）を書くよりもやさしいです。

特許庁に「特許」などの知的財産権の手続きをしていなければ、数カ月後、あるいは、数年後に、○○の作品が製品になった。……、と言っても「ロイヤリティ（特許の実施料）」はいただけません。それでは、○○の作品を製品に結び付けるために、一生懸命がんばっているのに、くやしいじゃないですか。

だまっていたら、近い将来、彼女（彼）は、他の人と結婚してしまいますよ。

好きな人がいたら、ラブレター（手紙）を書いて、あなたが大好きです。……、と表現して伝えておかないといけませんよ。……、ということです。

●「産業財産権」と「著作権」の守備範囲は

ここまでの内容を少し整理しましょう。

産業財産権も、著作権も、それぞれ守備範囲があります。だから、創作したもののすべてを、特許だけで、著作権だけで、○○の作品の内容を保護できません。

たとえば、私は、○○の作品を○年○月○日に、○○学会の○○誌で発表しました。それで、○○の作品は、すでに著作権になっています。だから、特許に出願しなくても大丈夫です。……、と言って、そのままにしないでくださいね。

◆特許と著作権は、別々の権利

特許と著作権は、別々の権利です。特許は、作品の内容を出願の書類にまとめて、特許庁に、手続きが必要です。

3. 知的財産権は、私たちの生活の中にある

●知的財産権＝「(1) 産業財産権」＋「(2) 著作権」

知的財産権、産業財産権、著作権、うーん、難しそうな言葉ですね。

知的財産権について、もう少し説明しましょう。はじめて聞く人も多いと思います。難しそうに聞こえてしまいますが、私たちの生活に密着しています。

知的財産権をコンピュータ(IT関連)のハード面の集積回路、ソフト面のプログラムと思って、自分には縁遠いと考えている人もいます。

……、ちょっとまってください。

簡単に答えを出さないでください。そうじゃないですよ。頭の中で考えた○○の作品は、「特許、意匠、著作権」などの知的財産権ですよ。

だから、誰でも年にたくさんの権利を取っています。ただ、それを自覚していないだけのことです。

（1） 産業財産権「① 特許・② 実用新案・③ 意匠・④ 商標」

産業財産権は、特許、意匠などを財産として保護する制度です。
○○の作品の内容を出願の書類にまとめて特許庁に手続きが必要です。

□①「特許（発明）」という知的財産権

特許の対象は、「物の発明」と「方法の発明」です。

たとえば、台所用品、事務用品のような生活用品、新しい素材、新しい飲食物などです。

あなたが、愛情をこめて、育てた作品の権利を取りましょう。

特許庁は、条件をチェックします。

「先願」、「産業上利用できる発明」、「新規性」、「進歩性」などです。

新規性は、新しさが求められます。

進歩性は、○○の作品を容易に創作できないこと、創作のプロセスの中で困難さがあることが求められます。

そこで、たとえば、東急ハンズ、量販店などに買い物に行ったとき、見ていただきたいところがあります。商品のパッケージです。そこに、「特許出願中」、「ＰＡＴ・Ｐ」と表示されています。それを見ていただきたいのです。

知的財産権で保護されている製品です。それを、私たちは、いつも愛用しています。

□②「実用新案（考案）」という知的財産権

実用新案の対象は、物品の形状、構造、または、組み合わせに関するものに限られています。機械、器具、日用雑貨品のように、一定の形があるものです。

実用新案は、物品でない、製造方法は含まれません。物品の形状、構造、または組み合わせの考案は、「実用新案」という知的財産権です。

たとえば、赤ちゃんの後頭部が偏平にならないように、「外形をドーナツの形にした枕」を創作することです。

すると、それが話題になりました。商品も良く売れました。

このように、実用新案は、ミニ発明（改良案）を保護する意味がありました。

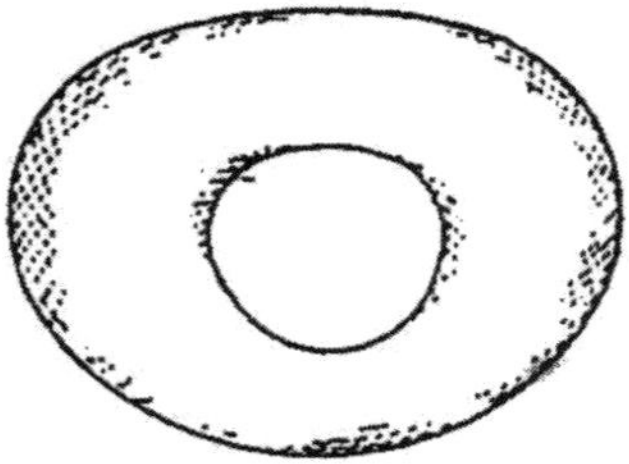

ところが、平成6年に大きくかわってしまいました。権利が取れるための条件（新規性、進

歩性など）のチェックもせずに無審査で権利が取れるようになったのです。だから、登録になった、といっても、それは、形式的なことです。実質的には、独占権がないのです。

それで、いまは、実用新案的なものであっても、「実用新案→特許」に出願するようにすすめています。

□③「意匠（デザイン）」という知的財産権

意匠の対象は、「物品の形状」、「物品の形状＋模様」、「物品の形状＋色彩」、「物品の形状＋模様＋色彩」で、物品の外観に美感のあるものです。

権利が取れるためには、新規性、創作性などが求められます。

物品は、機能的で、形状がキレイで、カッコいい製品が売れています。

その製品のデザインは、「意匠」という知的財産権です。

たとえば、円筒状のバケツの断面の形状をハートの形にしました。「ハートの形にしたバケツ」です。

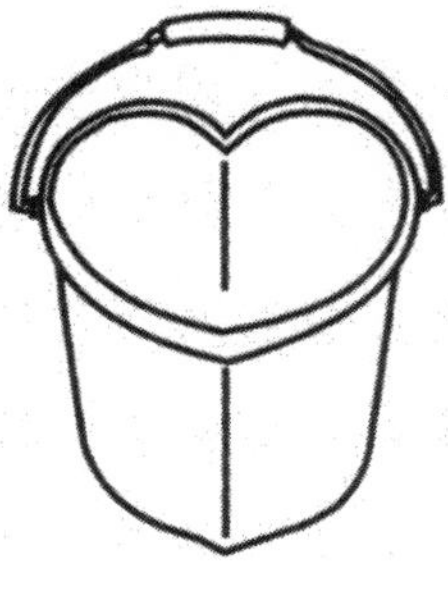

それを製品にしました。

すると、女子高生、新婚さんにウケました。

製品も良く売れました。

断面の形状を、ハートの形にしたバケツは、「意匠（デザイン）」という知的財産権です。

□④「商標（ネーミング・サービスマーク）」という知的財産権

商標の対象は、商品（ネーミング）、役務（サービス）に使用するマークです。商標は、他の人の商品、役務と区別することができる顕著性を備えたものです。

文字、図形、記号、立体的形状などです。
□文字商標――仮名文字、ローマ字などです。
□図形商標――動物、人物、風景などです。
□記号商標――アルファベット、漢字などを図案化したものです。
□立体的形状の商標――ケンタッキーフライドチキンの白ひげのおじさん、コカコーラの瓶、不二家のペコちゃんなどです。
「結合した商標」、「色彩を付けた商標」でもＯＫです。

平成27年４月の改正により、新たに商標の登録ができるようになりました。次の商標「動き商標」、「ホログラム商標」、「色彩のみからなる商標」、「音商標」、「位置商標」です。

□動き商標――文字、図形などが時間の経過に伴って変化する商標です。たとえば、テレビ、コンピューター画面等に映し出される変化する文字、図形などです。

□ホログラム商標――文字、図形などがホログラフィー、その他の方法により変化する商標です。

見る角度によって変化して見える文字、図形などです。

□色彩のみからなる商標――単色、または、複数の色彩の組合せのみからなる商標です。これまでの図形などと色彩が結合したものではない商標です。たとえば、商品の包装紙、広告用の看板に使用される色彩などです。

□音商標――音楽、音声、自然音などからなる商標であり、聴覚で認識される商標です。たとえば、ＣＭなどに使われるサウンドロゴ、パソコンの起動音などです。

□位置商標――文字、図形などの標章を商品などに付す位置が特定される商標です。商標は、特許、実用新案、意匠と異なり、役にたつものを考えた、というのでなく商品、役務を区別する目印になるマークを登録するものです。

だから、新規性がなくても権利が取れます。

商標の権利期間は、設定登録の日から10年です。

商標は、10年ごとに更新することができます。

覚えやすい名前（ネーミング）の商品が売れています。

サービスのいいお店がはやっています。

お店の名前は、役務（サービスマーク）といいます。

その商品の名前、お店の名前は、「商標」という知的財産権です。

たとえば、清涼飲料の商品に「タフマン」という名前を付けました。タフマンという名前は、「タフマン」を飲むと、元気が出そうな名前です。すると、それがサラリーマンにウケて、よく売れています。この商品の名前のタフマンは、「商標」という知的財産権です。

（2）「著作権・Copyright（コピーライト）」という知的財産権

ゲーム具のルール（遊び方）を書いた説明書の印刷物（小冊子など）とか、歌の詩、歌の曲、絵などを保護します。

小説も、学術文も、美術品も、音楽も、落語も、著作権です。

◆ゲームものを考えたとき、ゲーム具、ルール（遊び方）の権利は

①「産業財産権」

□「特許」の対象——ゲーム具の物品の形状、構造（しくみ）など、技術（機能）的な部分です。

□「意匠」の対象——ゲーム具の物品の形状（デザイン）です。

□「商標」の対象——ゲーム具に付ける商品の名称です。

②「著作権」

□「著作権」の対象——ゲーム具を使った、ルール（遊び方）を書いた説明書の印刷物（小冊子など）です。

◆ゲームのルール（遊び方）がポイントの作品の権利

たとえば、オセロゲームのような、ゲーム具です。

著作権は、特許、意匠、商標のどういったところが関連していますか。

オセロは、ゲームのルール（遊び方）を説明した、説明書などの印刷物（小冊子など）がポイントです。印刷物には、物品の形状、構造（しくみ）の図面（説明図）を描きます。商品の名称（ネーミング）を書きます。

数学、または論理学上の法則（計算方法、作図法、暗号の作成方法）、人為的な取り決め（遊戯方法、保険制度）心理方法（広告方法）なども、自然法則ではありません。だから、特許の権利は取れません。

著作権の権利期間は、本人の死後50年です。映画は公表後70年です。

製品がたくさん売れるようにキレイなパンフレットなどの印刷物を作ります。

たとえば、オセロゲームのような遊戯具には、「ルール（遊び方）を書いた説明書の印刷物（小冊子など）」が付いています。

この印刷物（小冊子など）が「著作権」という知的財産権です。

なるほど、説明を聞くと、たしかに、私たちの生活の一部になっています。

そうです。頭の中で創作したものは、すべて「知的財産権」です。このように、知的財産権というのは、私たちの日常生活の中で、非常に身近なものです。

会社内でも同じです。改善、提案の中から生まれた小さな特許（発明）だって、すでに知的財産権になっています。

それを自覚すれば、その特許（発明）に対して、愛着が、２倍も、３倍もわいてきます。仕事も楽しくなります。知的財産権は、自分と運命共同体の権利です。

◆積み木の知的財産権

たとえば、数学の図形の問題が苦手な子どものために、遊び感覚で学習ができる積み木を考えました。

説明図（図面）を描いて、手作りで、積み木の試作品を作りました。

さっそく、近所の子どもたちに、積み木で遊んでもらいました。すると、形が立体的で、わかりやすく、とても楽しい、と好評でした。

積み木は、楽しく学習ができて、とても学習効果があります。……、といった説明が必要です。積み木は、木（気）が合っていいですね。

◆積み木の特許（発明）などの知的財産権は

□積み木の物品の形状、構造（しくみ）は、特許の対象です。

□積み木の物品の形状（デザイン）は、「意匠」の対象はです。

□積み木の商品の名称は、商標の対象です。

□積み木のルール（遊び方）を説明した、説明書などの印刷物（小冊子など）は、著作権の対象です。

知的財産権の参考文献は、拙著『知的財産権は誰でもとれる ― 知財ビジネス入門 新標準テキスト』（平成22年／日本地域社会研究所刊）などがあります。

4．得意で、大好きなこと、だから元気が出る

●知識を活かして、得意な分野だけ、学習すればいい

発想力は、生まれつきの才能ではありません。先天的なものでもありません。

特許(発明)の世界では、ムリに背伸びする、全然必要ありませんよ。学校の学習と違います。得意な分野だけを、好きな時間に、好きなだけやればいいのです。

ムリをして、不得意な分野を学習する必要はありませんよ。

中間、期末、前期、後期のテスト(試験)もありません。

ここで、私から、お願いがあります。

それは、嫌いな科目(不得意な分野)なのに、得意な分野(好きな科目)だ、と勘違いをしないでください。……、ということです。

サイズが合っていないと疲れます。ムリをせずに、自分のサイズを目指しましょう。SMがいい(!?)何か勘違いをしそうですね。S、M、Lのサイズの意味ですよ。

私、中本繁実は、SN(Shigemi Nakamoto)です。

磁石も、SN(S極とN極)ですね。SNはくっつきます。仲がいいですよね。

●電気の通信工学の分野は得意――携帯電話、スマートフォンの改良(!?)

たとえば、電気の通信工学の知識がない人が、携帯電話、スマートフォンの改良にチャレンジしてはいけません。だって、問題の答えの出し方(解き方)がわからないからです。

そういうとき、自分に知識がなくても、その技術は、その道のプロが解決すればいいじゃないですか、と簡単に言う人がいます。

では、あなたは、いったい、何を発明したのですか、となるのです。

●化学の分野は得意——環境にやさしい洗剤(!?)

別の例でもそうです。化学が嫌いな科目だったのに、○○と○○を合成すれば環境にやさしい洗剤ができます。……、と言っただけでは、何も解決していません。

あなたが考えた○○の作品が素晴らしい。……、と言えるように、化学式を使って説明してください。テスト(実験)のデータなどを見せてください。

それができなければ、思いつきのままです。

●試作品を作ってみないと便利さはわからない

自分が手間ひまをかけて作品を創作したものは、子どもを育てるようなものです。

……、といわれるくらい、その作品に愛情と〝発想力〟を注いでいます。だから、思い入れも相当だ、と思います。

初歩の発明家は、はじめ、○○の作品は、○○の部分をこのように改良すればもっと便利で使いやすくなるのに、……、とか、こんな作品があったらもっと助かるのに、……、といった内容のヒントから新しい作品を創作することに興味をもちます。

ところが、実際に自分のこうした思いつきを形にするには意外と難しいものです。だからというわけではありませんが、手作りで、試作品を作りましょう。試してください。すると、いろいろな課題（問題点）が浮かびあがってきます。

●試作品には〝説得力〟がある

手作りで、試作品が作れない、という人は、テーマ「科目」の選び方を間違えていませんか。試作品を作ってみると、便利になったか、効果がすぐにわかります。すぐに確認できます。

たとえば、大好きな彼（彼女）に〝料理を作るのは大好き〟というより、〝手作りの料理「弁当」〟を食べてもらった方が説得力は〝何倍もある〟と思いませんか。

……、○○の作品の試作品も同じだと思います。

●問題が解ければ、嬉しくて、さらに前向きになれる

毎日の生活を楽しみながら、得意なテーマ、得意な分野にチャレンジしてください。

小さな不便を改良した作品、ちょっとの心配りが多くの人に喜んでいただける形「製品」につながります。

その結果、「ロイヤリティ生活」を生み出す発想力を発揮するキッカケにもなります。

しかも、いまは、その小さなヒント、考え方が巨万の富を稼ぎ、一つの作品が会社の運命を左右する知的財産権の時代になってきたのです。

5．町（個人）の発明家と企業の作品のまとめ方は違う

前記の電気の通信工学の分野は得意…携帯電話、スマートフォンの改良について、もう少し説明をしましょう。

●一人で、○○の作品の課題（問題点）を解決できるか

特許（発明）は、単なる思いつきだけの内容を提案するだけでは、いけません。○○の作品のテーマ（科目）の構造上の欠点、使い方などの課題を技術的に解決する手段が特許（発明）です。……、と特許法に書いてあります。

□○○の知識がないのにチャレンジしても、構造（しくみ）の説明ができない

携帯電話、スマートフォンは、たしかに、身近なものです。……、といって、電子回路、通信工学の知識がない人が携帯電話、スマートフォンの改良にチャレンジしました。その一例として、紹介したいのが、いまいる場所がすぐにわかるカメラ付きの携帯電話、スマートフォンの作品です。

子どもが一人で外出して、迷子になったとき、カメラで、回りの状況を写してくれると、どこにいるか場所がわかります。だから、安心です。便利です。……、といった内容の作品です。ウン、なるほど、……、と感心できる作品ですよね。

思いついた内容はいいと思います。ところが、そのあとが問題です。

□何が問題になるか

すぐに、携帯電話、スマートフォンの内部の構造（しくみ）をどうするのか……、といった問題にぶつかってしまうからです。

電子回路、携帯電話、スマートフォンの本体の内部の構造（しくみ）について、知識がなければ、その構造（しくみ）の説明ができません。

一番大切なところが説明できないのです。

「課題を解決するため手段」＝「特許請求の範囲」が特許（発明）の権利です。だから、その構造（しくみ）の説明ができなければ、課題を解決した。……、と言えないのです。したがって、特許（発明）は、思いつきだけの提案ではいけなのです。

●その分野の知識が必要

□小学生に因数分解の問題を出題しても、解き方がわからない

たとえば、小学生に因数分解の数学の問題を出題しました。ところが、小学生は、まだ因数分解の学習をしていません。……、解き方がわかりません。答えが出せないわけです。

特許（発明）は、その答えの出し方です。だから、知識がない分野に興味があっても、答え

が出ません。それで、人に依頼します。すると、お金がかかります。

そういった状況の中で、自分の力で、答えを出したいときは、そのもとになる基礎から学習することが必要です。……、何年もかかりますよ。それでもいいですか。

そこで、
□その技術の分野について得意か
□いままで、どのくらいの技術の知識と体験があるか
□手作りで試作品が作れるか
□テスト（実験）ができるか
□どのくらいの時間がかけられるか
ここで、そういったところを考えて、もう一度、作品のテーマ「科目」を考えてください。

●企業では、○○の分野の技術者が数人で担当する

□企業（会社）の特許（発明）——作品を数人（グループ）でまとめる

企業（会社）の特許（発明）は、作品を提案するだけで、その技術の分野の技術者が作品の内容などについて、技術的に問題がないか、製品に結び付く可能性があるか。……、などのチェッ

クをしてくれます。
いろんな分野の技術者が作業を分担するわけです。

□町（個人）の発明家の創作活動――作品を一人でまとめる

町（個人）の発明家の創作活動は、○○の作品の発想から、課題が解決するところまで、一人でまとめなければならないのです。この点を間違わないようにお願いします。

□テーマ（科目）は、得意な技術の分野に取り組めば、答えは、簡単に見つかる

したがって、趣味としての作品を製品に結び付けるためには、自分の力よりも、少しでいいです。レベルを下げるのです。そして、身近で、手作りで試作品が作れるものの中からテーマ「科目」を選ぶのです。

得意な技術の分野に取り組めば創作することは楽しいし、夢もふくらみ○○の作品は製品に結び付きます。

□テーマ（科目）が、不得意で、課題が難しいと答えが見つからない

テーマ（科目）は、得意な技術の分野にチャレンジしないと、いつまでたっても課題の答えは見つかりません。関連の情報を集めて、整理するのに相当の時間がかかります。結果が出なければ、新しい作品を考えることさえいやになってしまいます。

ここが、会社の特許（発明）と町（個人）の発明家の創作活動が大きく違うところです。

6. 文章、図面にあらわして形「製品」にしよう

●誰が見ても、わかるようにまとめる

学校を出ると、もうラブレター以外の文章は書いていません。それも、メール、携帯電話、スマートフォンで済ませてしまおう……、と安易に考えてしまう人もいます。そういう考え方では、彼女（彼）はあなたを信頼して、どこまでもついてきてくれませんよ。

わかっていますよね。手書きの手紙の便りは、頼り（便り）になります。

町（個人）の発明家の中には、私は、文章、図面にあらわすのは苦手です。……、と言って、それを自慢する人もいます。

ところが、特許（発明）とか、創造は、ただ自分の胸の内だけにしまっていたのでは、社会的な価値はゼロです。それを、文章、図面にあらわして、はじめて価値が出ます。だから、誰が見てもわかるようにまとめることです。それが、明細書（説明文）と図面（説明図）です。

●たとえば、お医者さんが書く「カルテ」

明細書（説明文）と図面（説明図）は、ちょうどお医者さんが書くカルテです。担当の先生（主治医）がいなくても、カルテさえ見れば、他の先生が治療できるように書いてあります。技術の世界でもそうです。世の中の誰が見ても、どこでも、その技術が利用できるように、文書にしてこそ価値がでるのです。

では、ここで、文章が苦手だ！　という人のために、これなら書ける、と言っていただけるように、書き方を説明しますので、一緒に学習しましょう。

●「文章の五段階」をモデルにしてまとめてみよう

次に示す「文章の五段階」をモデルにして、書き方を練習してみましょう。

提案の説明書でも、技術の実験レポートなどでも、その書き方のパターンは、同じです。

□ステップ①「第一段階・作品のあらまし」

1つめに、「あらまし（アウトライン）」を書きます。2～3行程度、書くだけで大丈夫です。

◆「消しゴムを付けた鉛筆」

具体例な出願の書類の書き方を、みなさんもよく知っている「消しゴムを付けた鉛筆」で説明してみましょう。

中学校の英語の時間に習った、「This is a pen」は、何年たっても忘れませんよね。

この「消しゴムを付けた鉛筆」は、出願の書類の書き方の基本形です。

「消しゴムを付けた鉛筆」は、アメリカの画家ハイマンが考えた作品です。

図面

図１

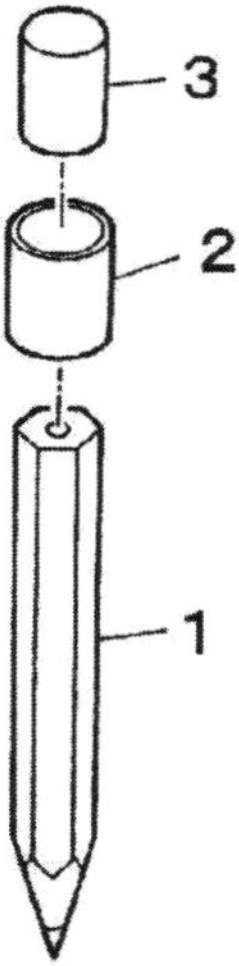

図２

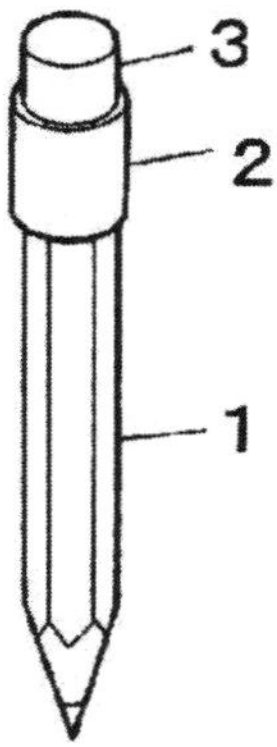

符号は、「１鉛筆の軸、２筒、３消しゴム」です。

いままでは、鉛筆と消しゴムは別々になっていました。それを、Ａ「鉛筆」とＢ「消しゴム」を組み合わせました。それが、Ａ＋Ｂ＝Ｃ「消しゴムを付けた鉛筆」です。

本書では、「……です。」、「……ます。」調で、説明をしていますが、特許庁（〒100―8915 東京都千代田区霞が関3―4―3）に「特許願」に提出する文章「書類の書き方」は、「……である。」調なので、「……である。」調で書きます。

> 本発明は、鉛筆の軸の一端に小さな消しゴムを取り付けた鉛筆に関するものである。

……、と書きます。

なるほど、あらましを読むだけで、作品の全体の内容が簡単につかめます。

だから、技術のレポートなども、打ち合わせの時間をムダにしないように、「あらまし（要約）」がついています。

作品を出願の書類にまとめて、特許庁に提出する文書は、作品（発明）のあらまし（要約）をわかりやすく書くことがポイントになります。

□ステップ②「第二段階・発明が解決しようとする課題」

2つめは、発明が解決しようとする課題です。

○○には、○○のような不便、欠点があった。
従来、消しゴムは何度も使っていると、小さくなってしまう。
その消しゴムが必要になったとき、探しても小さくなっているので、見つけられず、
困ることがあった。

……、と書きます。いままでの技術の欠点を書くことは、絵でいえば背景のようなものです。

□ **ステップ③「第三段階・工夫した点」**

3つめは、前文を付けて、

本発明は、以上の欠点をなくすためになされたものである。
○○に○○を設ける。
鉛筆（1）の一端に筒（2）を設け、筒（2）に消しゴム（3）を設ける。
本発明は、以上の構成よりなる消しゴムを付けた鉛筆である。

……、と物品の形状、構造（しくみ）など工夫した点を書きます。
これが文章の中心になります。
その改良点を個条書きにしてください。まとめやすいです。
上手くまとまとまります。作品のポイントが良くわかります。

□ステップ④「第四段階・発明の効果」

4つめは、

> ○○のように改良したから、○○のような効果が生まれた。
> 消しゴムが鉛筆の軸と一体になっているので、消しゴムが必要になったときでも、探す手間が省ける。
> 小さな消しゴムでも、鉛筆を柄とするため、使うのになんらさしつかえない。

……、と書きます。
そのとき、データなどの数字を一緒に書きましょう。説得力があります。

□ステップ⑤「第五段階・実施例（他の実施例）」

５つめは、

筒（２）のかわりに、鉛筆の軸（１）の一端と消しゴム（３）を接着剤で接着してもいい。

……、といった、実施例（他の実施例）を書きます。

文章がわかりにくくても大丈夫です。表現の仕方が下手とかは、気にしないでください。少し、練習をしましょう。そうすれば、まとめ方も上手になります。

次の素晴らしい作品のヒントが生まれます。

■「明細書」の書き方・見本

出願の書類の書き方は、横書きです。本書では、編集の都合で、規則（特許法施行規則）通りになっていません。ご了承ください。

【書類名】　明細書
【発明の名称】　消しゴムを付けた鉛筆
【技術分野】

【0001】

本発明は、小さくなった消しゴムを使うとき、使いやすいように、鉛筆の軸の一端に消しゴムを取り付けた鉛筆に関するものである。

【背景技術】

【0002】

従来、鉛筆と消しゴムは別々になっていた。

【先行技術文献】

【特許文献】

【0003】

【特許文献1】　特開○○○○－○○○○○○号公報
【発明の概要】

【発明が解決しようとする課題】

【０００４】

これは、次のような欠点があった。
（イ）従来、消しゴムは何度も使っていると、小さくなるので使いにくい。
（ロ）その消しゴムが必要になったとき、探しても小さくなっているので、消しゴムが見つけにくく、困ることが多かった。
本発明は、以上のような欠点をなくすためになされたものである。

【課題を解決するための手段】

【０００５】

鉛筆の軸（１）の一端に筒（２）を取り付け、筒（２）に消しゴム（３）を取り付ける。

本発明は、以上の構成よりなる消しゴムを付けた鉛筆である。

【発明の効果】

【０００６】
（イ）消しゴムが鉛筆の軸と一体になっているので、消しゴムが必要になったときでも、探す手間が省ける。
（ロ）小さな消しゴムでも、鉛筆を柄とするため、使うのになんらさしつかえない。

【図面の簡単な説明】

【０００７】

【図１】　本発明の分解斜視図である。

【図２】　本発明の斜視図である。

【発明を実施するための形態】

【０００８】

以下、本発明を実施するための形態について説明する。

鉛筆の軸（１）の上部の一端に、金属性の円筒（２）を取り付ける。

円筒（２）に円柱状の消しゴム（３）を差し込む。

円筒（２）をかしめ、消しゴム（３）を鉛筆の軸（１）に固定する。

本発明は、以上のような構成である。

本発明を使用するときは、鉛筆の軸と一体になった、この小さな消しゴムで、鉛筆の柄を持って、間違った文字などを消すことができる。

他の実施例として、筒（２）のかわりに、鉛筆の軸（１）の一端と消しゴム（３）を接着剤で接着してもいい。

【符号の説明】
【０００９】
１ 鉛筆の軸 ２ 筒 ３ 消しゴム

《参考文献》
「書類の書き方」は、拙著『はじめの一歩 一人で特許の手続きをするならこの1冊 改訂版』（自由国民社刊）などがあります。
「図面の描き方」は、拙著『これでわかる立体図の描き方〔基礎と演習〕』（パワー社刊）などがあります。

●作品の説明書「明細書」を書くときのポイントのまとめ

「明細書」は、発明の内容を文章で説明するところです。それは、作品の内容を充分に詳しく説明することです。説明が不足していたとき、後で追加することができないからです。くどいくらい詳しく書くことが大切です。

書き方の形式が決まっています。だから、決められた項目にしたがって、文章を当てはめて書いてください。すると、「明細書」が完成します。

文章はわかりやすい口語体（話し言葉の形式）で書き、難語句（意味が分からない言葉）、古語（古い時代の言葉）は使わないことです。

次に、作品の説明書「明細書」を作成するとき、書くポイントをまとめます。

□①「明細書」の文章は、下手でも大丈夫です。
　書き落としのないように詳しく書いてください。

□②【発明の名称】は、技術内容が理解されやすい普通名称を付けます。

□③【技術分野】は、「発明の名称」を補足説明する程度で簡単に書いて大丈夫です。

□④【背景技術】は、いままでのやり方、技術内容を特許庁の審査官に情報提供するところです。

□⑤【発明が解決しようとする課題】は、発明が解決しようとする従来の欠点、問題点を書きます。

□⑥発明の構成（しくみ）、機能を書きます。

「明細書」の【課題を解決するための手段】に書く内容です。

【特許請求の範囲】と同じ書き方で大丈夫です。

□⑦作品の特長、セールスポイントを書きます。

「明細書」の【発明の効果】に書く内容です。

従来の問題点を解決した結果、生じる効果を具体的に書きます。

□⑧使い方、いろいろな用途を書きます。

「明細書」の【発明の実施するための形態】に書く内容です。

発明を具体化する具体的な構造、構成を書きます。

□⑨発明の「図面（説明図）」を描きます。

パンフレット、パッケージなどに使う図面は、本発明品のポイントをあらわした図、使用状態を示した説明図です。

□⑩製品になったときをイメージしたパッケージの図を描きます。
そうするとネーミングも一緒に書けます。
また、パッケージのデザインも一緒に、創作した日付を残すことができます。

7. あなたの作品を、知的財産権「産業財産権＋著作権」でまもる

●産業財産権とは「特許、実用新案、意匠、商標」

発明品というと、特許とか、発明とか、パテント（Patent）とか、アイデア（idea）などと言われています。

そのことを、正式には「産業財産権」といいます。
□①何が保護の対象になるのか
□②どのような手続きで登録になるのか
□③権利の内容はどういうものか

「法律の内容」は、

□①特許とは、意匠などを保護する制度です。
□②産業財産権とは、「特許、実用新案、意匠、商標」という別々の法律で定められたものの総称です。

たとえば、会社、学校の規則のようなものです。

●「自然法則」とは、いつも体験していること

簡単に儲かりそうな話をしたり、難しいことを述べたり、ちょっと、とまどっていることと思います。

使われている言葉は難しそうですが、実際はそうでもありません。

恋愛だって、ラブラブのときは、とても楽しいでしょう。

それでも、悩みもあり、相手の気持ちを理解するのは難しいものです。

「自然法則」も、言葉は難しそうに聞こえますが、小、中学校の理科の時間にテスト（実験）

したことを思い出してください。

たとえば、
□鏡は、光を反射します。
□物を熱すると、膨張します。
□磁石は、鉄にすいつけられます。
これが、「自然法則」です。

私たちが日常使っている日用品、道具、機械がそうです。

以前、特許（発明）であったとか、現在、特許（発明）になっているものばかりです。それが、「自然法則」を利用した技術的思想の創作です。

●自然法則を利用することが発明

たとえば、袋に石を入れて、糸を付けて回転させます。

その石は、中心から遠ざかろうとします。

これを「遠心力」といいます。これは、だれが、いつ、どこでやっても同じです。

この「遠心力」も「自然法則」の一つです。

この自然法則を利用することが発明です。

◆遠心分離機（脱水機）の発明

自然法則を上手く利用して生まれたのが、「遠心分離機（脱水機）」の発明です。

水にぬれた洗濯物を脱水機の金網の中に入れます。

高速回転させせます。

すると、洗濯物も、水も、中心から遠ざかろうとします。

ところが、洗濯物は金網にさえぎられて止まりますが、水はこの網の孔から飛び出します。

だから、洗濯物と水が分かれて脱水ができるのです。

8.「有形な財産」と形がない「無形な財産」がある

●経済社会で1番求めているものは「財産」

知的財産権というのは、私たちの生活の回りを取り巻いています。

それで、イメージ的には、ある程度のことは、わかっていただいたと思います。

ここで、大略をまとめましょう。

いま、経済社会で一番求めているものは、財産です。

財産とは、金銭、および金銭にかえられるすべてのものです。

土地、宝石、車などは、有形なものです。これを「有形財産」といいます。

ところが、形のない財産もあります。

小説とか、論文、絵画、音楽、発明、このようなものは形がなく無形です。

これが高く売れる可能性もあります。これを「無形財産」といいます。

つまり、頭の中で考え出された知恵、すなわち、特許（発明）の中には、財産「お金」になるものが多いということです。

知的財産権というのは、人間の知的活動によって、生まれた無形財産に関するすべての権利のことです。したがって、知恵は、権利にしないと財産にはなりません。

●文化は進み、経済も豊かになる

「味の素」という名前は、「商標」という知的財産権です。

すごい価値があります。

コカコーラ、花王など、２つ以上の語を組み合わせて一つの活字としたロゴタイプも「商標」という知的財産権です。

アニメ、キャラクターは、「著作権」という知的財産権です。無形財産です。

もし、このような無形の財産が保護されなければ、苦労して形「製品」にしても、お金になりません。

また、製品、お店の信用を得るために、長年努力したことがムダになります。

そこで、これらの無形のものも「商標」という知的財産権、「著作権」という知的財産権にして、保護していただきましょう。

すると、人は、その財産を得るために、さらに考えるようになります。だから、文化は進み、経済も豊かになります。

時代が進んだ今日では、土地、物品などの有形財産よりは、無形財産の方の価値が大きくなってきました。

額に汗して働く肉体労働も、とても大切なことですが、より大きな財産を得るには知恵を出すことです。知的財産権を得ることです。

9. ○○の作品を創作した、という事実を残そう

●作品の内容によって、権利の取り方も違う

○○の作品は、私が○年○月○日に考えました。……、と言えるようにするためには、どうすればいいと思いますか。

作品の内容によって保護の対象が違ってきます。一緒に考えてみましょう。

●○○の作品を創作した日付がはっきりしていると、トラブルも少ない

著作権は、自然に発生します。

ただ、創作した日付がハッキリしていないと、あとで困ることもあります。

たとえば、ある日突然、○○の作品が発表されて、注目されたとしましょう。

それで、じつは、○○の作品は、私が○年○月○日に、創作したものです。私の創作物です。だから、私に印税（著作権料）をください。……、と申し出たとしても、誰にも信用してもらえないのです。

無名の人は、証拠がありません。そういうときは、残念ですが泣き寝入りするしかないので

す。その結果、印税ももらえないのです。だから、日付が大切になるのです。

そこで、日付と作品の内容を詳しく書いて、明確にしておくことです。

そのため、たとえば、公証役場を利用する人もいます。郵便切手の日付の消印を利用する人もいます。日付がはっきりしているので、知的財産権のトラブルがあったとしても、○○の作品は、○年○月○日に考えました。……、と言えます。

●言葉遊び（ダジャレ）の研究

□言葉遊び（ダジャレ）で　雰囲気なごむ　かくし味

カッコよくいうと、私は、いつも言葉遊び（ダジャレ）の研究（!?）をしています。それで、どれくらいウケるか、すぐに確認しています。そのとき、いつも気を付けていることがあります。いつでも、褒める言葉、嬉しくなる言葉を使うことです。

たとえば、飲食店などで食事をしながら、係りの人に、貴女は、美形ですね。……、と言っています。美形は美系（美術系）の意味のつもりです。

すると、とても喜んでくれています。

そこで、私は理系（工学部）です。……、と言います。

いつも、こんな調子です。頭の体操になるでしょう。

このように、〝遊び心〟は、仕事の中でも、日常の生活の中でも大切だと思います。

私は、家で〝非常勤のお父さん〟と呼ばれています。いつも家にいなくて、自分の好きなことをやっているからです。遊んでいるわけではありませんよ。

◆言葉遊び（ダジャレ）も著作権⁉

教室で学生との会話の一コマです。

中本先生、毎日欠かさず、予習、復習、しています。

感心なことだね。

でも、なかなか学習効果があがりません。

そうかなあー、学校には、校歌（効果）があるけどなあー、……。

これくらいのレベルの言葉遊び（ダジャレ）です。それを講義中に連発しています。

学生から、中本先生の言葉遊び（ダジャレ）、わかりにくいですよー。……、と言われています。

そのときは、少しだけです。心の中で、くやしい、とつぶやいています。本当ですよ。でも、いつ役にたつかわかりません。

内緒で、創作した事実（日付）を残しておこう。……、と思っています。

筆者は、郵便局の切手の日付の消印を利用しています。

私は、もっと楽しい会話をしたくて「ユーモアスピーチの会」などの勉強会にも参加しています。

これまで、約40年間、このような生活をしています。言葉遊び（ダジャレ）が少し活躍しています。本当は、大活躍したいのですが、……、簡単なことではないです。きっと夢の世界ですね。

肩は、いつも、凝っています。言葉遊び（ダジャレ）は、懲りずに、毎日、楽しんでいます。

これは、特許、意匠のときも同じだと思います。大切なことは、他の人（第三者）がマネをしてくれそうな作品を考えることです。

10. 私のほうが先に○○の作品を考えたのに

これからは、町（個人）の発明家でも、中小企業でも、会社の製品の開発の担当者でも、○○の作品を創作した事実（日付）を残すことからやっていただきたいのです。

ところが、特許、意匠、著作権などの勉強はしなくても大丈夫ですよ。……、いいものを考えたら、その道の専門家に頼めばいいじゃないですか……、と簡単にこたえてしまう人もいます。私に言わせると、大きな勘違いです。

●○○の作品は、「特許」、「意匠」、「著作権」の権利

特許、意匠、著作権のことを知らないと、どういうものが権利になるのか、判断ができないでしょう。

その結果、次のように、くやしい思いをすることもあります。

町（個人）の発明家、中小企業の特許（発明）の担当者から聞くことですが、たとえば、家庭用品などで不便なところを改良して使っていた人が、ある日、東急ハンズ、量販店などに行ってみると、私が、○○年○月○日に考えた、○○の作品と同じような製品が売られているのです。

その製品のパッケージを見ると、「ＰＡＴ・Ｐ（パテント・ペンディング）」と、書いています。「ＰＡＴ・Ｐ」は、特許出願中、という意味です。

それを見て、あれは、私が数年前に考えていたものと同じです。私のほうが先に考えていたのに惜しい。……、そんな言葉を何回も聞いています。

このように、誰でも、一度か、二度は、私も、一つ作品を考えよう。特許庁に〇〇の作品の出願をしてみようかなあー、……、と思ったことがあるでしょう。

でも、やさしい特許願の出願の書類の書き方、権利の取り方を知らずに、そのままにしておいただけなのです。きっと、……。

出願の書類が書けるようになれば、楽しみも倍増しますよ。

後編

1. 作品の内容によって、保護の仕方も違う

●日本の出願件数は多いけど

特許に出願している過去の1年間の件数を調べてみました。約32万件です。件数が多いと、弊害も出てきます。

たとえば、特許庁では、膨大な処理に悲鳴をあげます。その結果、審査が遅れます。諸外国からは、早く審査をするように、要望があります。

そういった状況の中で、役に立っている作品は、何年もの間、1000件あたり3件(0・3%)くらいです。……、と言われています。

また、出願料が高いです。だから、出願貧乏、発明貧乏、という言葉も生まれました。それだけ、ムダな出願をしている。……、ということです。

特許情報プラットフォーム（J-PlatPat）を活用しましょう。

関連の情報を集めてください。その情報を整理して、内容をまとめれば、100件あたり3件（3%）くらいになります。

それを、めざして、一緒に学習しましょう。私は、町（個人）の発明家を全力で応援します。

●出願料などの値上げをすると、創作意欲がなくなる

特許庁も、発明指導者も、どうしたら、ムリ、ムダな出願をなくすことができるか頭をいためています。本当は積極的になっていただきたいのです。

でも、件数を抑えることを考えます。その一つの対策として、出願料などの値上げがあります。しかし、件数を抑えられると、町（個人）の発明家は、考える意欲を失ってしまいます。それに発明心もなくなります。

だって、町（個人）の発明家の多くの人は、〇〇の作品の権利を取って儲けたい、……、と思って、毎日、活動しているからです。

●創作物のすべてを、産業財産権だけでは、著作権だけでは、保護できない

創作物の保護の仕方について、ここで少し確認をします。

創作物のすべてを、特許、意匠などの産業財産権だけでは保護できません。
□技術的な内容は、特許で保護します。
□物品の形状（デザイン）は、意匠で保護します。
□商品の名称は、商標で保護します。
著作権でもそうです。創作物のすべてを、著作権だけでは保護できません。
□商品の説明書などの印刷物（小冊子など）は、著作権で保護します。

●特許法の定義と著作権の定義

では、ここで、特許と著作権について、もう少し整理をしてみましょう。
また、特許と著作権は、どこが関連してくるのか考えてみましょう。

◆特許法の定義（特許法第2条）

発明とは、自然法則を利用した技術的思想の創作の高度のものをいう。……、と書かれています。

◆著作権の定義（著作権法第2条）

著作物とは、思想、または感情を創作的に表現したものであって、文芸、学術、美術、または音楽の範囲に属するものをいう。……、と書かれています。

これまでの説明で、著作権の「目的」は、だいたい理解できたと思います。それでは、著作権の対象になる著作物とは、どういうものをいうのでしょうか。意味がはっきりしないと、上手に活用することができないでしょう。

特許、意匠などに出願して、○○の作品を製品にしたとき、パンフレット、図面（説明図、イラスト）、使い方、セールスポイントを書いた説明書などの印刷物を付けます。印刷物がないと製品は売れないからです。この説明書などの印刷物が著作権です。だから、特許と著作権は、「表裏一体」と、言われています。

2. たまたま同じ作品ができたとき、その権利は

●特許、意匠は、1番先に出願した人に

特許、意匠などの創作をしたとき、○○の作品は新しい。……、と思って特許庁に急いで出

願をします。

ところが、半分以上は同じような作品を先に考えた人がいます。

「先行技術（先願）」があります。だから、権利を与えることはできません。……、と言って簡単にＮＯ「拒絶理由通知」という返事がきます。

つまり、同じような作品を数名の人が考えていた。……、ということです。

一方、著作権は、そういうことはありません。

たまたま、同じような作品が２つできたとしても、たいてい、あとのほうが盗作している。……、と判断できるくらい、同じような作品はできにくい。……、と言われていたのです。しかし、最近は違います。世の中を見てください。ＩＴ「情報化」時代です。すると、集まった情報が似ています。

その結果、できたものが同じようになるケースも考えられます。

とくに、音楽の作曲のように短いものは、同じようなニュアンスの表現が出てくる可能性だってあります。たとえば、製品の宣伝文です。よく似ています。

酒だったら、「まろみがある」とか、「こくがある」とか、「きれがある」とか、「甘口」とか、「辛口」とか、ほとんど同じような言葉がならびます。

すると、盗作でなくても同じ宣伝文が生まれます。

●「著作権」は、両者に認められる

では、もしもですが、偶然にも同じ創作物が生まれたときは、どうなりますか。

いままでだったら、たいてい先に発表した人の著作権になっていました。

あとの人は、よほど説得力のある説明をしない限り「盗作だ！」という烙印を押され、著作権は認められなかったのです。

また、無名の人が、私のほうが早く創作しました。……、と言っても、創作したときの日付の証明ができない限り、それは、あなたが勝手に日付（年月日）を早くしたのでしょう。○○の作品の著作権は、○○先生のものです。……、と言われることが多かったのです。それは、いままでの慣行です。ところが、「著作権」は、内容が同じでも、複数の人に権利が与えられます。

たとえば、たまたま同じものを2人が別々に創作しました。日時も違います。

……、そういうときは、両者に著作権が認められるというわけです。この点が、特許権、意匠権などの産業財産権（工業所有権）と大きく違うところです。

産業財産権の権利が認められるのは、「先に出願した、1人（先願者）」だけです。

カラオケは、１曲選ぶのも選曲（１０００曲）だあー。なんて言っていると、ちょっとマイク！　じゃない、ちょっとマッタと言われそうですね。

3. 製品のカタログの「印刷物」は著作権

●「印刷物」をまもる大きな効果がある

最近、製品の説明図（設計図）、カタログ、パンフレット、説明書、イラスト、パッケージなどの印刷物（小冊子など）の日付を残しておく人が増えてきました。

著作権は、費用がかからない。……、というだけでなく印刷物をまもる大きな効果があります。

製品を模倣するときは、カタログ、説明書、パッケージなどに印刷した商品のセールスポイント、特長、効果を書いた説明書、イラストなどの印刷物をまねるからです。

とくに、製品は、いままでのものと比べて、どこがいいのか、セールスポイントを書いています。そこを書かないと、その製品が売れないからです。

◆「印刷物」の模倣を防ぐ

模倣製品の多くは、製品の構成（しくみ）、デザインの説明文、イラストの印刷物をまねています。すると著作権侵害になります。

著作権の模倣を防ぐ、というのは、この点が主なのです。

そこで、あなたも、説明図（設計図）、カタログ、説明書ができたら印刷した日付（年月日）を残しておくことです。

また、製品の包装箱（パッケージ）もまねされることがあります。だから、その印刷物を残しておくことです。これは、まねされるだけでなく、箱のデザインの権利を他の人（第三者）に取られて、本人がその箱を使えなくなることもあるからです。

●自分の創作であること

特許で、大事なことは、まねではなく、自分の創作でなければならない。……、ということです。

頭の中で考え出したものである程度は、独創性がなければいけません。他の人（第三者）のしたことをまる写しでは著作物とはいえません。

特許、意匠などでも同じです。いくら自分の権利になっても買ってくれる人（スポンサー）がいなければ、「財産（お金）」にはなりません。また、第一志望、第二志望の会社に売り込んでも消費者が必要としていないものは、買ってくれません。

4. 最初から「100点満点」の作品は、難しい

●最初は「70点台」をめざそう

特許（発明）の学習をスタートして、2年も、3年も、たつのに、まだ、形「製品」になっていない。……、と嘆く町（個人）の発明家もいます。

それは、また、なぜでしょうか。

それには、理由があります。

一言でいえば、作品を考えるときは力を入れます。

ところが、売り込みには、時間とエネルギーを使わない。力を入れていない。……、ということです。

その作品が飛び抜けたもので、しかも、すぐに形「製品」にできる。……、という作品だったら、数人に見ていただけば、すぐに○○の作品を買いたい。……、すぐに形「製品」にしましょう。……、と言ってくれる社長さんが見つかるかもしれませんよ。

期待はしています。だけど、最初から「100点満点」の作品、しかも、いますぐに形「製品」にしてもいい。……、といった完成度の高い作品はありません。

よくて、80点です。それも少ないです。

私は、いままで、何万件と相談を受けました。だから、がんばっている、あなたの作品に「100点満点」をあげたいですよ。

山が大好きな人は、いつも満点(マウンテン)でしょう。

でも、80点台の作品には、まだおめにかかったことがありません。

多くの作品が、60点から70点くらいです。それが普通です。

●何社に売り込みをすればいいのか

形「製品」になるのは、「1000に3つ」ぐらいだ! ……、と言われています。

だから、目標にしている、第一志望、第二志望の会社の社長さんに、○○の作品を見ていただいて、すぐに、採用して、形「製品」にしましょう。……、とは言ってくれないようです。

だけど、あきらめてはいけません。ここで、元気を出して、売り込みを続けてください。自信作を形「製品」にしていただきましょう。あなたの作品と同じような製品を製造、販売している会社を20社、30社、調べてください。そして、20人、30人の社長さんに作品を見ていただけばいいのです。

そうすれば、あなたの作品に惚れてくれる社長さんに出会えます。

もしも、上手くいかなかったら、ここで、もう一度、「特許情報プラットフォーム（J-PlatPat）」で、先行技術（先願）を検索してみましょう。

あなたの○○の作品に関連した情報を確認してください。

中には、同じような製品を製造、販売している会社を50社、１００社と調べた人もいます。

そして、その会社に売り込んで、スポンサーを見つけた人もいます。だから、簡単にあきらめないでください。素敵な社長さんと出会えるまでスポンサーをさがしていただきたいのです。

会社の社長さんは、個性的な人が多いです。しかも売れる作品も多様化しています。

自分の採点では、今回の作品の出来栄えは、80点以上だ、と思っていても、○○社長さんの採点は、60点だったりします。

あるいは、自分では、60点くらいだ、と思っているとき、社長さんの中には、あなたの○○の作品の自信作を気に入ってくれる人もいるかもしれません。

恋をするとき、丸顔が好きな人もいれば、細長の顔がいい、など、という人がいるのと同じだと思います。

■売り込みの手紙の書き方

○○○　株式会社
社外アイデア　企画開発担当者　様

手紙を見ていただきましてありがとうございます。

拝啓
貴社ますますご隆盛のこととお喜び申し上げます。
いつも、御社の製品、○○○を愛用させていただいております。

御社の製品の便利さに感謝しています。
さて、今回、説明図（図面）のような○○の作品を考えました。物品の形状がポイントです。
それで、○○の作品が形「製品」に結び付く可能性があるかどうか、ご検討をお願いしたく、
突然ですが、手紙をお送りさせていただきます。
○○の作品を簡単に説明いたします。
○○は…………（内容をわかりやすく書いてください）…………………………。
すでに、手作りですが、試作品を作り、何カ月も使っています。友人、家族にも好評を得ています。

説明図（図面、または、試作品の写真）を添付いたします。

書類を見ていただきたいと思います。

前記の件、ご多忙中大変恐縮ですがよろしくお願い申し上げます。

まずはお願いまで

敬具

【説明図（図面）いれる】

〒
住所（フリガナ）
氏名（フリガナ）　　　（　歳）
TEL．　　　　FAX．
E-mail

（※最後に簡単な自己紹介を書くと効果的です。
担当者も返事がしやすいと思います）

最後までご一読いただきましてありがとうございました。
心から感謝いたします。

●会社も、○○の作品を採用に踏み切れない事情がある

第一志望、第二志望の○○会社が○○の作品を相当に、気に入ってくれました。

でも「採用する」となると、会社は開発資金が必要です。だから、社長さんも、すぐに、採用しましょう。……、と言ってくれないのです。

それだけに、作品をまとめたときの情熱と同じくらい売り込みにも情熱が必要です。

それなのに、
□町（個人）の発明家は、売り込みに力を入れない人が多い。
□第一志望、第二志望の会社を決めていない。
□会社の事業内容を調べていない。
□会社の情報が少ない。
だから、発明歴10年といったベテランでも、形「製品」＝お金（ロイヤリティ）になっていないのです。

彼女に、「大好きです」と、告白したら、食事に誘ってください。楽しいデートをしてください。結婚してください。……、と口説いてください。

問題意識をもって、行動すれば、○○の作品の売り込みも上手くいきます。とにかく、あきらめずに、作品を磨いて、時間とエネルギーを使って実行するのです。

それが、○○の作品を形「製品」にできる一番の近道です。頭の中で、形「製品」をイメージするだけではいけません。

彼女（彼）を口説いたときの純粋（！）な、あのときの気持ちを思い出してください。時間とエネルギーをおしみなく使って実行したでしょう。

そうすれば、振り向いてくれます。

■ここで、素敵な○○の作品の完成度を自己採点してみよう！

あなたの素敵な○○の作品の完成度、いかがですか。

□完成していますか　□もう少しで完成しますか　□未完成ですか　ここで、自己採点をしてください。

知識が豊富で、大好きで、得意な分野をテーマ「科目」に選んだ人は、学校のテストの結果でいえば、80点か、90点でしょう。

自己採点：「　　　点」

もう一つ、私（中本）流の採点方法があります。

突然ですが、質問です。たとえば、小学生、中学生、高校生、お母さんが、新鮮な食材を使って「カレー」を作りました。

あなたは、５００円払って、誰が作った「カレー」を食べたいですか。

答：「　　　　　　　　　　　　　　　　　」

採点は〝カレー〟（辛い）ですか。……、特許（発明）の○○の作品も、大好き「得意」な、テーマ「科目」を選ぶと、すぐに、いい結果に結び付きます。

第一志望、第二志望の会社に売り込み（プレゼン）をすれば、採用通知の手紙が届くでしょう。

ちなみに私の答えは「お母さん」です。その理由、わかりますよね。完成度が違います。

小学生、中学生、高校生が作ったカレーは、お母さんが、わからないように、手を加えて美味しくしてくれています。子どもに自信をもたせたいからです。

お母さん、いつも、美味しい料理を作ってくれて〝ありがとう〟ございます。

■製品に結び付く、結び付かないポイント

製品化率はなぜ「1000に3つ（0・3％）」なのか、考えてみよう！

◆チェック欄

（1）製品に結び付けるためのプロセス

□特許（発明）↓□目標↓□出願（権利・出願審査請求書）↓□売り込み

↓□製品↓□ロイヤリティ（特許の実施料）

(2) 自分の作品が素晴らしい、と言えるか
□従来のモノ↓ 不便だ、使いにくい
□自分の作品(先行技術などの情報)が必要↓発明の効果
(3) 思いつき・作品のテーマは、得意な分野か
□得意な分野(OK) □不得意な分野(↓NGです。お金がかかります)
□必要度 □ある □ない
(4) 手作りで、試作品は作れますか、作りましたか
□作れる(OK) □作れない(↓NGです。お金がかかります)
(5) 特許情報プラットフォーム(J-PlatPat)
□知っている(OK) □知らない(↓NGです。お金がかかります)
□先行技術(先願) □チェックした □チェックしていない
(6) 先行技術(先願)は、出願の書類の書き方の参考書になる
□「願書、明細書」 □書ける □書けない(お金がかかります)
□「図面」 □描ける □描けない(お金がかかります)
※書けない人/描けない人…「願書、明細書、特許請求の範囲、要約書、図面の描き方、

符号の説明」、先行技術（先願）公報が参考書になります。

（7）特許の出願などの費用は

□知っている　　□知らない

□（イ）1万4000円

□（ロ）基本料（1200円）×（書類の枚数×700円）

□（ハ）13万8000円＋（請求項の数×4000円）

□（ニ）毎年2300円に1請求項に付き、200円を加えた額

（8）出願審査請求書は、何年以内に提出すればいいか

□知っている　□知らない

□（イ）1年6カ月　□（ロ）3年　□（ハ）20年

（9）知的財産権に興味がある会社・売り込み先（第一志望、第二志望の会社）

□決めている　□決めていない（なぜ、決めないのですか）

※「傾向と対策」練りましたか。

（10）企画書（手紙）の書き方

□知っている　□知らない（お金がかかります）

□返事は　□来る、と思っている　□来ない、と思っている

(11) 契約書の書き方

□知っている　□知らない

□（1）契約金　30～１００万円（試作代、出願料などの費用として）

□（2）ロイヤリティ（特許の実施料）　2～5％（卸価格）

5. 人がヒントにしてくれる作品を考えよう

●2つ、3つの法律で、あなたの作品をまもろう

特許（発明）でも、意匠（デザイン）でも、著作物でも、人がヒントにしてくれる作品を考えることが大切です。

○○の作品を出願して権利「出願＝権利」が取れて、形「製品」にしたいです。

出願＝権利＝形「製品」を、多くの人が望んでいます。それは、理想的なことです。

だけど、ウーン、少し考えて、権利は二の次です。私の気持ちですが、○○の作品をヒント

にしてくれてありがとう。……、と言えるくらいの余裕が必要です。
だって、権利になった(出願した)、としても、他の人(第三者)がヒントにしてくれなければ、何の価値もありません。

その前に、○○の作品は、形「製品」にならないといけませんよね。それに、あなたの○○の作品を、ヒント、モデルにしてくれないと、文句だって言えませんよ。

それが技術「発明」でも、文芸、学術、美術、音楽の「著作権」でも、絶対に必要な条件だと思います。

ここで、権利のことを整理しておきましょう。

技術も、物品の形状(デザイン)も、商品の名前(ネーミング)も、パンフレットに使う説明書、説明図の印刷物も、一つの法律だけでは保護できません。

《確認してみましょう》

◆「産業財産権」

□「特許」:技術的な内容は、「特許」という知的財産権です。
特許の権利期間は、出願の日から20年間です。

□「意匠」:物品の形状（デザイン）は、「意匠」という知的財産権です。
意匠の権利期間は、出願の日から25年間です。
□「商標」:商品の名前（ネーミング）は、「商標」という知的財産権です。
商標の権利期間は、設定登録の日から10年間です。
何回でも、更新することができます。

◆「著作権」
□「著作権」:製品の説明書、説明図の印刷物（小冊子など）は、「著作権」という知的財産権です。
著作権は、本人の死後50年間保護してくれます。映画は、公表後70年です。

●インスタント食品（飲食物）に複数の権利がある

たとえば、「インスタント食品（飲食物）」の権利について考えてみましょう。

《確認してみましょう》

◆「産業財産権」

□「特許」：インスタント食品（飲食物）の製造方法は、「特許」という知的財産権です。
□「商標」：インスタント食品（飲食物）の商品の名称（ネーミング）は、「商標」という知的財産権です。

◆「著作権」
□「著作権」：インスタント食品（飲食物）の食べ方、調理方法（レシピ）を説明した、パッケージ、パンフレットの印刷物（小冊子など）は、「著作権」という知的財産権です。

インスタント食品（飲食物）を守るためには、２つ、３つの法律を利用して守ることが必要だ、ということです。特許も、商標も、創作物を保護する部分が違います。

たとえば、製造方法で、特許に出願しているから、「インスタント食品（飲食物）」の商品の名称（ネーミング）も一緒に保護してください。……、といっても、それは、できません。

「インスタント食品（飲食物）」の商品の名称は、商標に出願しないと保護してもらえない。……、ということです。

●○年○月○日に説明図（設計図）、完成予想図を描いた

町（個人）の発明家が最初にやらなければいけないことがあります。それは、○○の作品を完成させることです。完成させる途中は、「研究ノート」を作り、改良過程を随時、説明図（設計図）、完成予想図などを描いて、残しておいていただきたいのです。

そして、○年○月○日に描きました。……、と言えるように、事実を残しておいていただきたいのです。

作品は、まだ、未完成状態です。だから、日付けがわかるように、公証役場を利用する人もいます。郵便切手の日付の消印を利用する人もいます。

形「製品」になりそうになったときに、特許、意匠などの産業財産権の手続きをして、両法律でしっかり守りましょう。

《ポイント》

発想「未完成」から形「製品」ができるまでに、何をすればいいのですか。

□思いつき・作品のテーマ（科目）は、知識が豊富で得意な分野を選びます。

□先行技術（先願）を特許情報プラットフォーム（J-PlatPat）で調べます。

□売り込み先（第一志望、第二志望の会社）を決めて、売り込みをします。

□手作りで、試作品を作ります。
□テスト（実験）をして、「発明の効果」を確認します。
□不具合なところが見つかったら、改良を加えます。
□○○の作品を出願の書類にまとめます。

……、だから、売れる製品を完成させるまでの道のりは、決して平坦ではありません。数カ月も、1年もかかることもあります。

日本は「先願主義」です。だから、……、といっても、作品は、まだ、完成させる途中です。未完成の作品を急いで出願しても、作品に魅力がありません。その状態で形「製品」にしても、誰も買ってくれません。

だから、○○の作品を先に完成させましょう。また、「研究ノート」は、他の人（第三者）に、内容を公開する必要はありませんよ。

また、○○の作品をまとめる途中で、妥協して、特許庁に急いで出願してもいいことはありません。これまでに、先輩発明家から、こんなはずじゃなかったのになあー、……、という言葉を何度も聞いています。

6. 著作権は、独創性の程度が問題

●最初から、無から有を引き出すことはできない

著作権は、その独創性の程度が問題です。

よく識者は、その程度では、美術とはいえません。この程度ではムリです。創作性がありません。独創性もありません。したがって、著作権とはいえません。……、と簡単にこたえます。

では、ここで著作権について一緒に考えてみましょう。

その前に、文化庁で教えていただいたことを紹介します。とてもわかりやすい内容でした。どのように教えてくれたか、そのポイントを紹介してみましょう。

たとえば、学校の図工、美術の時間です。教室には、50人の小学生、中学生がいます。テーブルの上に、果物を置いています。

……、今日の題材は、この果物です。その果物を描きます。

小学生、中学生が描いた、果物の絵を見てください。

……、みんな同じように見えます。もっと、よく見てください。50人が描いた果物の絵は、形のどこかが少し違って描かれています。

そうです。それぞれの絵が、みなさんの権利になる。……、ということです。

すると、50の著作権が同時に発生したことになります。

この点からいうと、創作性があるか、創作性がないか、の程度がわかると思います。

小説だって、音楽だって、特許（発明）でさえ、最初から、無から有を引き出すことはできないのです。

●先輩の作品をヒントにしたり、モデルにしている

みんな、大なり、小なり、どこか先輩の作品をヒントにしています。モデルにしています。

そうです。はじめは、誰だって先輩の考え方などをモデルにする（まねる）ところからはじまっています。

だから、他の人（第三者）の作品を、そのまま、まる写しにさえしなければ、自分の考えがどこかに入っているわけです。

次は、学術について考えてみましょう。学術というと、何か難しく聞こえますよね。

ところが、そうじゃないですよ。たとえば、小学生が書いた作文から、町（個人）の発明家が書いた発明論文もみんな学術です。立派な学術論文です。

水彩画、油絵でも、そうです。絵が上手とか、下手とかは、関係ありません。自ら描いたものは、あなたの著作権です。ただ、著作権になっても、○○の絵を買ってくれる人がいるかどうかはわかりませんよ。

●権利（出願）＝形「製品」ではないけど

○○の作品の権利が取れれば、誰だって嬉しいです。しかも、大きな夢を描くことができます。町（個人）の発明家が手数料を支払って、特許庁に出願し、長い年月かかって、やっと特許権が取れて大喜びしています。それと同じです。

権利（出願）＝形「製品」ではありません。だけど、作品には、独占権があります。

いままで、ほとんどの人は、自分が作った作文、絵などがあなたの著作権になっている。……、と言うことを知らないで過ごしていただけです。もったいないでしょう。

しかし、自分で作った、その作文、絵などに著作権が発生して、自分以外の人は、これを無断で使うことはできない。私の独占物です。……、と言うことがわかれば、もっと良くしたい。もっと大切にしたい。……、と思うようになるでしょう。

すると、作文でも絵でもずっと上手になります。

そして、いつの日か、それを他の人（第三者）がぜひ本にしたい。……、とか、それをカレンダーに使いたい。……、と言ってくる可能性だってあります。

■「契約書」の書き方

契約金、ロイヤリティ「特許の実施料」は、どれくらいですか、これは作品の内容と種類にもよりますが、平均的にいうと、次のようになります。

◆契約金

30～１００万円くらいです。

◆ロイヤリティ「特許の実施料」

2～5％というのが一般的です。

本を出版したとき、著作権の印税は、本体価格の5～10％というのが一般的です。

あまり欲張らないで、これくらいで妥協しましょう。

「契約書」の書き方はふつうの民法によるものと同じです。

そこで、一例を紹介してみましょう。

「契約書」の書き方の形式は次のとおりです。書き方は一般的には横書きです。読者の方が実際に「契約書」を作成するときは、この見本を参考にしてまとめるといいでしょう。

●契約書の見本

契　約　書

甲（権利者）○○県○○市○○町○丁目○番○号
○○○○　株式会社
乙（使用者）○○県○○市○○町○丁目○番○号
○○○○　株式会社
取締役社長　○○　○○

甲と乙は、下記出願中の条項について一般社団法人 発明学会立会のもとに専用実施権の設定契約をする。

第一条　甲と乙は下記について契約をする。

特願○○○○-○○○○○号　　発明の名称　○○○○

第二条　専用実施権及び権利発生後の専用実施権の範囲は次の通りとする。

期間　契約の日より権利存続中

内容　全範囲　　地域　国内

第三条　乙はこの本契約について、質権を設定し又は他人に実施を設定してはならない。ただし、甲乙協議によって実施者を設定することができる。

第四条　乙は、自己の費用をもって権利発生後の専用実施権設定登録の手続をすることができる。

第五条　この契約によって乙は甲に対し、実施契約金として○○万円、実施料として卸し価格の○%の使用料を支払うものとする。

第六条　前条の使用料は経済事情その他に著しい変動が生じたときは、甲乙協議の上でこれを変動することができる。

協議がととのわないときは、立会人 一般社団法人 発明学会の意見にしたがう。
すでに支払われた実施契約金及び使用料は、理由のいかんを問わず甲は乙に返還しない。

第七条 使用料の支払は毎月○日締切りとし翌月○○日までに、甲の指定する金融機関○○銀行○○支店普通預金口座○○○○（口座番号○○○○）に振込み、全額支払いをする。

第八条 甲は一般社団法人発明学会を通じて必要に応じて乙からこの本契約の実施の状況、その他の必要な事項についてその報告を求めることができる。

第九条 乙は契約の日より1年以内に製造販売し、また、特別の事情がない限り1年以上にわたり製造を中止してはならない。

第十条 この本契約については虚偽の報告その他不法行為等があったときは、甲は損害賠償の請求をすることができる。

第十一条 第二条、第三条、第五条より第十条について、乙又は甲が違反した場合、立会人一般社団法人 発明学会の了解のもとにこの契約を解除することができる。

第十二条 その他細則については、そのつど書面で定める。
以上の契約を証するため、本書3通を作成し署名捺印の上各自その1通を所持する。

令和○年○月○○日

甲　○○県○○市○○町○丁目○番○号
○○　○○　（印）

乙　○○県○○市○○町○丁目○番○号
○○○　株式会社
取締役社長　○○　○○　（印）

立会人　東京都新宿区余丁町7番1号
一般社団法人 発明学会
会長　中本　繁実　（印）

《まとめ》
契約おめでとうございます。
応援してくれた人に心から感謝しましょう。
美味しいお酒で乾杯しましょう。楽しみにしています。

7. 著作権を利用するときのポイントは

●著作権の権利期間は長い

著作権は、長い期間の権利を取る。……、ということも目的ですが、特許法でいう「先使用権」が取れることが一番大きなメリットです。

知的財産権のトラブルがあっても、あわてることはありません。こちらは、このとおり、○の作品は、いつ創作したか、説明図（設計図）も描いています。試作品も作っています。完成品のイラストも描いています。商品の名称(ネーミング)も決めています。パンフレットも作っています。製品の説明書も書いています。だから、先使用権は、こちらにあります。……、と言えることです。

●○○の作品の実施の準備をしていたことが説明できる

先使用権を言うためには、発明者が、すでに、○○の作品の実施の準備をしていました。……、ということを明らかにしておくことが必要です。

たとえば、○○の作品の実施するために、友人と出資しあって任意団体をつくりました。

……、などというように、最初に、そのことを詳しく書いておくことを忘れないようにお願いします。

次のような内容です。

量産するための準備をしました。大きさ（寸法）を決めて、試作品を作りました。テスト（実験）をして、何度も改良しました。その都度、効果を確認しました。それをまとめて、市場調査のため試作品を作って売ってみました。

……、など、とにかく、そこを読むと、確かに○○の作品の実施をしようと準備していた。……、ということがわかるように書くのです。

少しオーバーになっても大丈夫です。詳しく書いてください。それがポイントです。

そのあとで、書類のように目的を書きます。

いままでの製品と比較してください。

発明の構成（しくみ）のポイント、実施例、使い方などの発明の実施するための形態を書いてください。発明の効果、作品のセールスポイントなども一緒に書いてください。説明図（設計図）なども描いてください。

すると、その説明文、使用状態を示した説明図（設計図）の印刷物は、著作権になります。

他の人（第三者）が模倣して、そのまま印刷物に使えば著作権侵害になるわけです。ヒット商品になると類似品が出てきます。それを防止できます。

意匠のときも、その機能美を書いてください。また、こうした特長があります。だから、この作品は売れます。……、といった商売上の利点も書いておくと実施の準備をしていた。……、ということが言えます。

一般の人にはこうしたことが知られていないのです。

第3章
言葉遊びと本を執筆したおかげで講演やテレビの出演原稿の依頼もくる

これまでに、60冊ほどの本を執筆しました。学校の講義も本も、言葉遊び（ダジャレ）を織り交ぜてやっています。それをおもしろがってくれる人がいて、講演やテレビ出演を依頼してくれます。言葉遊びと本のおかげです。

その中から、いくつか、ご紹介します。

内容は、まず先方から届いた企画書や依頼書等、次に講演内容、となっています。

1. ものの見方、考え方をかえると、そこに夢がある

科学技術者フォーラム

平成25年11月度セミナー（第137回）のご案内

「ものの見方、考え方をかえると、そこに夢がある」

一般社団法人 発明学会　専務理事　中本繁実氏

知的財産立国を目指す我が国において重要なのが知的財産権ですが、その基となる特許（発

明）をどのように発想し、権利化し、活用するか、がポイントとなります。

これまでの大きな特許（発明）には多くのドラマが隠されています。

今回、特許（発明）に関して多くの講演、著作で有名な発明学会の中本繁実専務理事に、特許（発明）のさまざまな事例をもとに、特許（発明）の発想の仕方、知財の権利化の方法、活用方法、実用化までのポイントについて具体的に面白くお話いただきます。

さまざまな特許（発明）にまつわるドラマの内輪話など、興味深い内容の紹介、もっとも重要な発想の仕方について、独自の発明・アイデアの紹介などもしていただきます。

特許（発明）にご興味のある皆様のご参加を期待いたします。

（1）日時：平成25年11月12日（火） 14時00分〜16時45分
講演終了後近くの会場で講師を囲んで懇親会開催（19時頃まで）
（2）会場：品川区立総合区民会館「きゅりあん」５Ｆ 第3講習室
（ＪＲ大井町駅中央改札出て左直進、ヤマダ電気裏側）
（3）講演要旨
◆既成の概念をそのままだ、と思い込んではいけない

「1＋1＝2」です。数学の世界では、そうなるのだ、……、と先生に教えていただきました。また、多くの人がそうだ、……、と思っています。

「物理の法則」でも、「定理」でも、みんなそうです。それらはみんな私たちの先輩が大変な苦労をされて確立したものです。

ところが、型にはまった固い頭の中からは、ユニークな作品は生まれてきません。

たとえば、「ミシンの針」です。針の糸を通す孔は針の上にあるものだ！　といった考え方を変えなければ、下に孔を開けた「ミシンの針」は生まれなかったでしょう。

だから、「こうしたら」といったトッピな考え方を付け加えると、必ずしも、そうではなくなることもあります。

◆日本は、土地も狭く、資源も少ない国、だから、タダの「頭（あたま）」を使おう

日本は、土地も狭いです。資源も少ない国です。そのため、他の国の変動によって一喜一憂を余儀なくされています。

それなら、知識がたくさんつまっている「頭（あたま）」、「脳（のう）」をたくさん使いましょう。いくら使ってもタダです。

特許（発明）に興味をもてば、人は、誰でも毎日の生活が楽しくなり、人生を明るく暮らすことができるようになります。

それを続けてください。自信作は、形「製品」に結び付いて、生活を便利にしてくれます。しかも、多くの人を笑顔にしてくれます。

◆「Uターン思考」のすすめ・具体的な課題（問題）が見つかる

具体的な課題を見つけるには、どうすればいいのか、それは、誰も教えてくれません。そこで、私は、そのルールとして、「Uターン思考」を教えています。

ある現象から、腹が立つこと、悩みが生まれたりします。そういったときに、どうしたら腹が立たないようになるか、とUターン的に考える方法です。

世の中が進めば進ほど、「ああー、良かった」……、といった感情は少なくなります。逆に、「ああー、いやだ」、「腹が立つ」……、という不快な出来事のほうが多いと思います。

一日中「ああー、楽しかった」と思ったことより、不平、不満、立腹、心配のほうがずっと多いと思います。

それは「具体的な課題（問題）」があるから起こることです。

その課題（問題）を解決すればいいのです。それが「特許（発明）」です。

（4）経　歴

経歴は、紙面の都合で割愛させていただきます。本書の著者略歴と同じです。参照してください。

（5）参加費：会場でお支払いください。

・科学技術者フォーラム（STF）正会員、女性、学生　1000円

・BCC-NET会員、ティー・エムレポート会員、経営支援NPOクラブ会員、NPO-BIN会員、異普奇会 会員、生体環境保全交流会 会員、千葉県加工技術研究会 会員、表界研 会員、その他、友好団体 会員　1500円

・一般　2000円

＊講演中の写真撮影などは、ご遠慮願います。

2. NMBとまなぶくん

【主婦の〝秘〟発想で億万長者が続々！ アイデアで1億稼ぐ発明の裏側】

関西テレビ「ＮＭＢとまなぶくん」ご出演依頼

中本繁実様

関西テレビ「ＮＭＢとまなぶくん」という番組のプロデューサー○○○○と申します。

本日は、関西テレビ「ＮＭＢとまなぶくん」に中本繁実 様にご出演していただきたく、ご連絡さしあげました。お忙しいところ、申し訳ございません。早速ですが、番組内容をご説明いたします。添付の企画書もご覧ください。

簡単に申しますと、常識が全くわかっていないＮＭＢ48のメンバ１１６名に、毎回、プロフェッショナルな先生に講師として登場していただき、少しでもＮＭＢ48を賢くさせようという番組です。

そこで、中本繁実先生に講師で来ていただき、勉強させていただければと思っております。

まずは、番組の内容をご確認ください。想定尺は、35分程度を考えております。

お忙しい中、申し訳ございませんが、一度、ご検討くださいませ。
※番組の企画書は、著作権の問題がありますので、割愛させていただきます。ご了承ください。
『発明の世界史』(日本文芸社刊、監修 中本繁実)、『発明で一攫千金』(宝島社刊、中本繁実著)、おもしろかったです!

ちなみに、収録日は、下記の通りです。
第1希望 5月20日(水) 14時30分~16時00分
第2希望 5月27日(水) 12時10分~13時40分
収録場所は、大阪にある関西テレビです。
よろしくお願いいたします!
番組プロデューサー ○○○○(HP:○○○-○○○○-○○○○)

関西テレビ「NMBとまなぶくん」

NMBとまなぶくん

【主婦の(秘)発想で億万長者が続々！ アイデアで1億稼ぐ発明の裏側】

2015年7月2日(木) 24時25分～25時20分の放送内容

億万長者になれる発明の裏側！ 主婦の〝秘〟発想で2億7千万円！ 思い付きで終わらせないノウハウ伝授！ アイドルを超えた？ みるるん渾身の発想が1億円

《番組内容》

■1時間目は「発明のノウハウ」を学びます。

約7万件のアイデア指導実績を持つ「発明学会」会長、中本繁実先生がお金持ちになりた～い♪ NMBのメンバーに発明のセオリーを伝授！

◎軍事用に開発されたモノを今の使い方に変えた主婦の知恵とは？

◎修道士の大失敗から生まれた大ヒット商品の秘密とは？

◎ロイヤリティ２億７０００万円を稼ぎ出した主婦が日常生活で見つけたヒントは？
◎単身赴任中に料理を作ってひらめいたご主人のアイデアは？
◎避難所生活で発見した人の役に立つ喜びは？
など、すぐにマネしたくなる発明の裏側を大公開♪
さらにＮＭＢ48メンバーが考えた渾身の発明・アイデアを発表！
○○○○のアイドルらしからぬ発明に何と1億円の価値が…！？
あなたもＮＭＢと一緒に一攫千金を目指しましょう♪

3. 楽しくなる物の見方と考え方

長崎県人クラブ　講演会　「**楽しくなる物の見方と考え方**」
□「日時」　平成27年10月29日（木）18時30分より、約1時間
□「講師」　中本繁実（なかもと しげみ）

□「場所」 長崎県産業支援センター 1階会議室

平成27年10月29日（木）、18時30分より県人クラブ 長崎県産業支援センター 1階会議室で、秋の講演会を開催しました。

今回は、長崎工業高校出身で一般社団法人発明学会会長の中本繁実氏をお迎えし、「楽しくなる物の見方と考え方」というテーマで、お話いただきました。

「初恋ダイエットスリッパ」、「雪見だいふく」などの製品に結び付いたお話に感心するとともに、産業財産権「特許、実用新案、意匠、商標」、著作権について、それぞれの内容の理解を深めることができました。

また、練習問題付の資料は、頭の体操にもなり楽しい講演会になりました。

講師の中本繁実氏。著書多数、工学院大学、多摩美術大学の講師（非常勤）も務められています。

中本氏は言葉遊び（ダジャレ）も名人。聴衆を飽きさせない話術で、あちこちで人気の講師です。ホワイトボードを使っての講演はわかりやすく、学校で授業を受けている気分になりました。

平成27年 秋の講演会 【講演日 平成27年10月29日（木）】

楽しくなる物の見方と考え方

◆講師 中本繁実氏 西海市出身 長崎工業高卒

《講演録》

●学歴コンプレックスをバネにして

私は、長崎県の西彼杵《にしそのぎ》半島にある半農半魚の町、西海市大瀬戸町に生まれました。戸数37戸の集落にある実家の家業は農業、7人兄弟（男5人、女2人）の5番目（4男）として生を受けました。

農業は、現金収入が少なく、お金がなかったため、高校は定時制（長崎市内）で、大学は、2部の夜間部（東京都新宿区内）で学びました。

26歳のときに、発明学会に入社し、豊澤豊雄先生（明治40年生まれ、発明学会の創設者）に出会いました。そのころ、私は学歴コンプレックスで悩んでいました。

それで、愚痴をこぼしていました。すると、豊澤先生が、本を書くと、印税も入るし、世の中の人が勘違いしてくれるよ。……、と言ってくれました。

また、豊澤先生が本は簡単に書けるよ。……、というのです。

私は、文章はとにかく苦手でした。人前でしゃべることも得意じゃなく、ドキドキしてしまう性格でした。ところが、豊澤先生は、ほめ上手で、文章を書くこと、話すことを、何度も、何度も指導してくれました。

高校、大学で学んだことが技術系だったので、製図の本『斜視図の描き方』（パワー社刊）を書きました。１冊目が30歳のときです。それがきっかけで、工学院大学専門学校電気技術科の製図の講師（非常勤）になれました。

本を14冊書いたころです。多摩美術大学の講師（非常勤）になれました。

工学院大学の講師（非常勤）になったときは、20冊を超えていました。

学校の講義、講演のときは、言葉遊び（ダジャレ）がいっぱいです。たとえば、こんな感じです。

いきなりですが、……、みなさん。野菜サラダ、食べていますか。

……、ところで、野菜サラダの美味しい温度、何度か、ご存知ですか。

……、では、何度だと思いますか。……、と問いかけます。

……、野菜は新鮮でないと美味しくないでしょう。

……、だから、答えは鮮度（１０００度）です（笑）。

人脈づくりは、飲み屋で、がモットーです。飲み屋で人の輪が広がっていきます。

私は、洒落も大好きですが、お酒も大好きです。最近、得意な場所は、神楽坂、飯田橋周辺です。

発明学会（会員組織）でのルーティン・ワークの他に、月曜日は工学院大学、金曜日は多摩美術大学で教え、ときには講演など、忙しい一週間です。

執筆は、アフターファイブ。ウーロン茶でごまかして上手にお酒を飲み、帰宅途中の喫茶店で原稿を書いています。連載ものもあり、電車の中でも原稿を書いています。これからも、本の出版という実績を築いていきます。現在の状況です。本は50冊です。目標（年齢の数）までは、まだまだです。

●「特許、意匠」、「著作権」などを保護する知的財産権

◆知的財産権

□（1）産業財産権「特許、実用新案、意匠、商標」

□①特許（発明）　Patent　パテント

「PAT.P（Patent pending）：特許出願中」

特許の権利期間は、出願の日から20年です。

医薬品の一部の分野では、延長登録出願により存続期間は、５年を限度として延長することができます。

□②実用新案（考案）　utility model

実用新案の権利期間は、出願の日から10年です。

□③意匠（デザイン）　design

意匠の権利期間は、出願の日から25年です。

□④商標（ネーミング、サービスマーク）　trademark/service mark

商標の権利期間は、設定登録の日から10年です。

□（２）著作権　コピーライト　Copyright

著作権の権利期間は、本人の死後50年です。映画は公表後70年です。

知的財産権は、産業財産権と著作権の二つを合わせたものです。

□（1）産業財産権「特許、実用新案、意匠、商標」

産業財産権（工業所有権）は、特許（発明）、実用新案（考案）、意匠（デザイン）、商標（ネーミング・サービスマーク）の4つを含めたものです。特許庁に出願することが必要です。登録主義です。作品の内容によって、権利は違います。

□（2）著作権

著作権（コピーライト）は、文芸、学術、美術、音楽の創作物です。文化的なものを守る法律です。思想感情の表現を保護する制度です。著作権は、出願、審査、登録、という手続きは不要です。○○の作品を考えたときに、権利は自然に発生します。

著作権は、たとえば、ここに表現している内容を保護します。ここに表現されている内容は、筆者の中本繁実の著作権です。

著作権があるから、他の人（第三者）は、勝手に使うことはできないのです。

知的財産権を守る、その他の法律には、「不正競争防止法」などがあります。この中で大きなウエイトを占めているのは、産業財産権です。

□知的財産権＝産業財産権＋著作権

「産業財産権」と「著作権」を合わせたものを「知的財産権」といいます。

法律的に言うと無体財産権のことです。形がない無形の財産ということです。

この知的財産権の言葉、少し難しい感じがします。はじめての人は、言葉を聞いただけで、いやだあー、と言う人もいるかも知れません。

でも、そんなこと、言わないでくださいよ。そして、このページを飛ばさないでくださいね。本だけに本当にお願いします。

普通電車に乗って、ノンビリ、気持ちに余裕をもって、スタートしましょう。特急電車に乗ると、スピードは早いと思います。だけど、駅（利益）を飛ばしてしまいますよ。

●感心、感動したら、「私ならこうする」と考える習慣をつける

新聞、雑誌などで、ヒット商品が紹介されているのを見ると誰でも、ウーン、うまく考えたなあー。……、と言って、感心すると思います。

しかし、それだけではいけません。いつも、私ならこうする、と考えていただきたいのです。近い将来、あなたが考えた作品も製品になります。そこで、私は、いつも受講生、学生に向かって、素晴らしい作品に感動してください。感動することはとてもいいことです。その次は、

必ず、私ならこうする。……、と前向きに考える態度が必要だ。……、と教えています。そして、実行させます。たとえ、それが、改悪案であっても、その人の発明力はのびるからです。

◆題材　赤ちゃん用の枕

たとえば、多くの赤ちゃんが使っている枕を題材にして、製品に結び付いた話をしましょう。

サラリーマンの夫婦に赤ちゃんが生まれました。

いつも、赤ちゃんは同じ姿勢で寝ます。6カ月後、後頭部がペチャンコになっていたのです。

驚いた2人は、どうすればペチャンコにならないか。

……、と考えたのです。そこで、工夫したのがドーナツの形をした枕です。

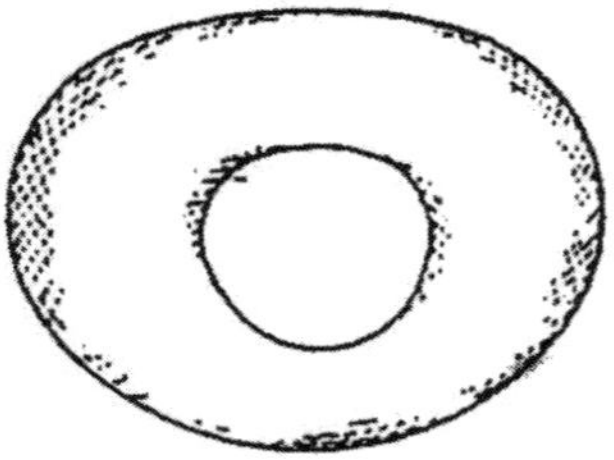

説明図（図面）を描いて、手作りで試作品を作りました。効果があるか、それを使って試してみました。使っている状態は自然な形でした。数週間後、効果がありました。後頭部の形も、もどってきました。それで、まとめておいた、書類に加筆、訂正をしてから出願をしました。手紙を書いて、N社に送りました。すると、500万円で買ってく

れました。……、という実話です。……、すると、みんな感動します。

今度は、この、ドーナツの形をした枕がヒントになります。どうです。発明は、誰でもできそうだ！ ……、と思うでしょう。

◆私ならこうするを体験してみよう

ドーナツの形の枕の話、感心したでしょう。感動したでしょう。

今度は、私ならこうする。……、を体験しませんか。

それが新しい作品を考えるヒントになります。

たとえば、○○の動物の顔の可愛い枕にしよう。……、と考えるのです。

ここで、○○の動物の顔の可愛い枕ができるだろう。

……、と言って、耳を付けたり、目を描けるようにしたのです。

そこで、ドーナツの形の枕の真ん中に、薄い布を貼って、鼻と口を描きました。ドーナツの形の枕に、耳、鼻、口を＋（足し算）をしたのです。すると、ドーナツの形の枕とは、別の作

品になります。だから、主婦は、ロイヤリティ（実施料）がもらえるのです。いくらになったと思いますか、３千万円です。

私ならこうする。……、と考えてみると、テーマが見つかります。しかも、考える練習としては、一番、製品にしやすい考え方です。

もっといいことは創造力を発達できることです。感動する心はとても大切です。そして、私ならこうする。……、と考えるのです。いつでも、前向きに考えると製品に結び付くテーマもすぐに見つかります。

●一つの製品に複数の権利がある

年商約70億円といわれる大ヒット商品、雪見だいふくは、株式会社ロッテ（東京都新宿区）の社員の逆発想から生まれました。

ある年、冷夏でした。アイスクリームが売れなくて材料が残って困ったのです。そこから、出発したのです。冬でも食べられるアイスクリームはできないか、それが、問題になりました。

その解決方法がだいふく餅の中のアンを取り出して、そのかわりにアイスクリームを入れたらどうか……、という案になったのです。

試してみました。……、それが、美味しいのです。これが大ヒット商品になったのです。すると、これを大手企業がまねて、ぞくぞくと類似品が生まれました。

まさか、モチの中にアイスクリームを入れたものが特許（発明）になるとは思わなかったのです。だから、各社が手を出したともいえます。それよりも雪見だいふくがあまり良く売れるから、だまってみていられなかったのが真相でしょう。

ロッテは、これが特許（発明）になると判断して、昭和56年に被ふく冷菓とその製造方法という発明の名称で出願しました。

２年後の昭和58年に権利が取れました。権利がおりると強いです。その後、各社が作っていた類似品は影をひそめました。雪見だいふくだけが、いま日本中で売れています。雪見だいふくは、大ヒット商品になりました。発明者は、その後、エリートコースを歩きました。

ここで、雪見だいふくの権利について説明してみましょう。

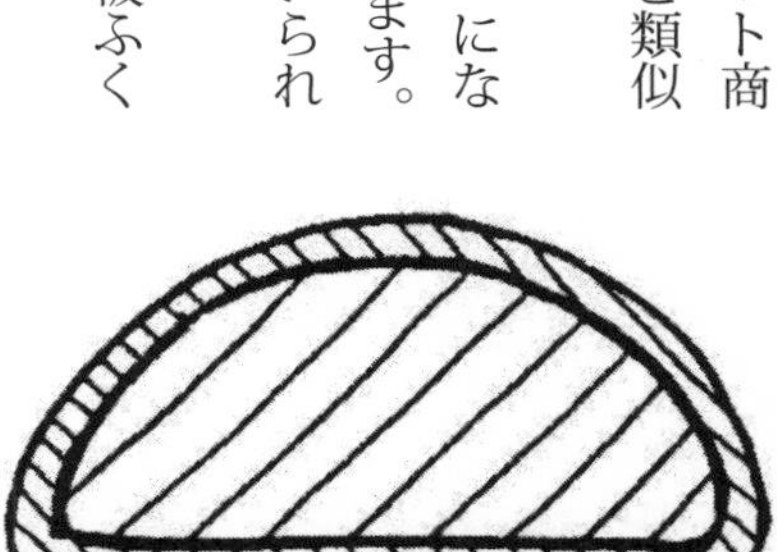

《「雪見だいふく」の権利》

◆「産業財産権」

□「特許」――「雪見だいふく」の製造方法は、「特許」という知的財産権です。

□「商標」――「雪見だいふく」の商品の名称は、「商標」という知的財産権です。

◆「著作権」

□「著作権」――パッケージ、パンフレットの印刷物（小冊子など）は、「著作権」という知的財産権です。

このように複数の権利で、雪見だいふくは守られているのです。

●日頃の生活の中で、新しい作品は生まれる

書類を重ねて綴じたいとき、ホッチキスの針がないことに気が付かず、カラ打ちしたこと、ありませんか。

……、そうか、こういった体験をしたときに、ホッチキスの針の残量が一目でわかるように工夫すればいいのか。そこで、○○さんは針に目印（着色）を付けたのです。

それを使ってみました。すると、残量が一目でわかりました。この瞬間、これは、すごい特許（発明）だ、と思って、イキイキした顔になりました。そして、一攫千金の大きな夢を友人、家族に語りかけました。

また、一人で、毎日、ワクワク、ドキドキを体験しました。それで、周囲の人まで明るくなったのです。

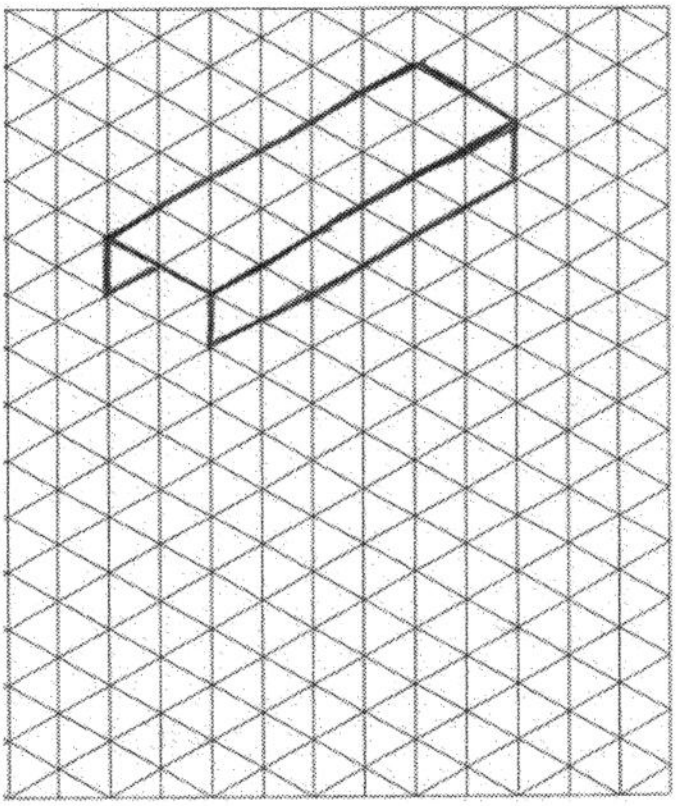

◆会社の情報があれば、傾向と対策を練ることができる

それでは、ホッチキスの針を作っている会社を調べましょう。目印（着色）を付けたホッチキスの針を製品にするためには、会社の情報が必要です。目標の第一志望、第二志望の会社を決めることです。

事業内容は、会社のホームページで調べられます。そうすれば、傾向と対策を練ることがきます。

◆先行技術（先願）が大活躍する

最初にやることは、作品が新しいか、先行技術（先願）

をチェックすることです。

先行技術（先願）は、特許庁の特許情報プラットフォーム（J-PlatPat）で調べられます。その公報が大活躍するのです。

□出願の書類をまとめるための参考書になります。

□図面の描き方の参考書になります。

□符号の書き方の参考書になります。

□知的財産権に興味がある会社も見つかります。

出願の書類は、工業所有権情報・研修館「産業財産権相談サイト」にある「出願書類」の形式（Word）をコピー（複写）すれば使えます。出願の書類がまとまったら、特許出願中です……と書いて、第一志望の会社に手紙で、売り込みをするのです。

○○さんは、これで上手くいくと思いました。

会社の担当者が、なるほど、この作品はすごいです。ホッチキスの針を製品にしましょう。……、と書かれた嬉しい手紙が数日後、届くだろう、と思って、ポストを毎日見ました。

……、ところが、２週間、３週間しても、返事はきません。

ここで、作品は簡単にできたけど、作品を製品にするのは難しい。……、と思って、あきらめてしまうのです。

だから、製品になる作品は、1000に3つだ、と長年いい続けられています。ウーン、考え込んでしまいますよね。

●多くの作品が製品にならない

それには、理由があります。

発明家の心の奥に少しだけの工夫で大儲け、といった心理がひそんでいるからです。

特許（発明）で儲けようと考えることは間違ってはいませんよ。でも、その心理が製品にならない大きな厚い壁になっています。

なぜでしょうか。少しだけの工夫、と思われることでもコロンブスの卵と同じです。

後から、先輩と同じものを考えたからです。はじめての人がそれを探し出すまでは並大抵ではなかったハズです。時間もかかったハズです。試行錯誤もしたハズです。努力もしたハズです。そのことがわかるようになると発明家の心はガラリとかわります。

安易な心理がふっとんでしまいます。未知の世界を探し求める努力と行動力が出ます。利害をこえて他の人（第三者）のためになる作品を考えます。

こうして人間がみがかれていくのです。欲から入った発明家が、やがて損得を無視してひたすら世のため、他の人のためになる作品を考えはじめるのです。利己から利他へ、そこに人生の醍醐味を感じます。

そうなったとき、世間は発明家をすててはいません。

会社（スポンサー）も見つかります。思ってもいなかった好条件で、作品を製品にしてくれます。この道を歩けば作品は製品になります。

どうぞ、タダの頭を使って、特許（発明）を楽しんでください。

私は冗談（上段）が大好きですが、表彰台は上段がいいですよね。

……、ご清聴ありがとうございました。

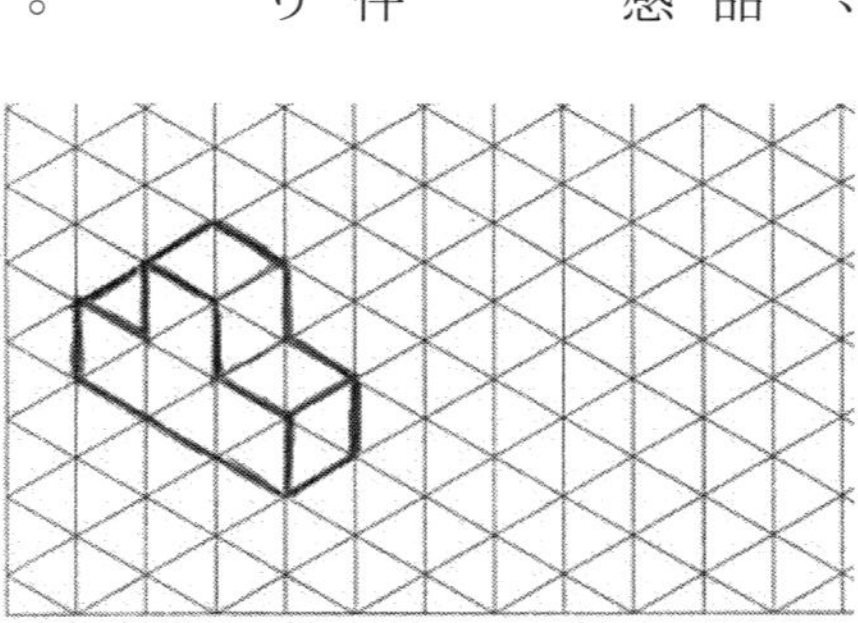

4. ふる里への想い

２０１７年広報さいかい7月号（西海市役所）

ふる里への想い　関東西海市会　中本 繁実

こんにちは！　大瀬戸町瀬戸羽出川出身の中本繁実です。私の実家は農業です。

昭和28年8月（乙女座）生まれ、７人兄弟の5番目（4男）です。

大瀬戸中学校を卒業して、家の経済的な理由で、自分で学費を稼ぎ、働きながら長崎工業高校（定時制）で学びました。

卒業後は、東京の会社に就職し、働きながら、夜間部の工学院大学（工学部）で学びました。

現在は、一般社団法人発明学会で、知的財産権（特許、意匠など）の取り方、活かし方など、作品を製品に結び付けるための指導を行なっています。職場の場所は、東京都新宿区余丁町7番1号です。機会がありましたら、お立ち寄りください。

知的財産権の関連の本を多数書いています。年齢の数だけ書きたいと思っています。私の目標です。最新刊（※講演当時）は、『完全マニュアル！　発明・特許ビジネス』（２０１７年、日本地域社会研究所刊）です。

私は、皿うどん、長崎ちゃんぽん、が大好きで、美味しいお店を探していました。何軒も探訪しました。たどり着いたのが、ＪＲ山手線「高田馬場駅」の近くにある「長崎飯店・高田馬場駅前店」です。その後、頻繁に食べに行くようになり、いつも親切にしてくれる女将さんに、毎年4月29日、六郷土手（東京都大田区・多摩川緑地区民広場）で開催している「長崎ハタ揚げ大会」を教えていただき、参加しました。

イベント会場の売店で、長崎物産品も販売されていて、長崎にいるような雰囲気と長崎ちゃんぽん、皿うどん、大村寿司などが食べられたこと、また、会場に、県内の高校の同窓会、各地のふるさと会の人が参加していることがわかり、嬉しかったです。

その後「関東西海市会」に参加し、運営のお手伝いをするようになりました。自ら、総会（懇親会）で司会をやらせてください。……、と申し出ました。私は、お酒も大好きですが、洒落「言葉遊び（ダジャレ）」も大好きです。

たとえば、私は、一年中 夢求（むきゅう）でがんばっています。一年中 夢求（むきゅう）です。

一年中無休じゃないですよ。……、心配してくれました。ありがとうございます。顔は、イッコ（1個）ですが、いつも、ニコ（2個）ッとできます。……、なるほど。関東西海市会の総会には、地元から美味しい魚などの提供があり、毎年好評です。参加者はイベントを楽しんでいます。

これからも、西海市出身者が一丸となり「自然豊かな素晴らしいふる里」を情報発信していきます。よろしくお願いいたします。

5. わたしのOFF

OMNI-MANAGEMENT　8月号　令和元年8月1日発行
発行　一般社団法人 日本経営協会

わたしのOFF　ユーモアスピーチ「言葉遊び（ダジャレ）」で笑いを楽しむ

一般社団法人 発明学会 会長　NOMA 参与　中本繁実

私は長崎県西海市出身です。発明学会（火曜～土曜日）でのルーティンワークの他に、月曜日は大学（非常勤講師）で4コマ教えています。ときには講演、本の執筆など、忙しい日々を過ごしています。

そんな中でも、人とまめにつきあえるように工夫しています。洒落も大好きですがお酒も大好きです。執筆は、もちろんアフターファイブです。

お付き合いするときは、焼酎の水割りを薄目にして飲みます。帰宅途中、喫茶店で原稿をまとめています。日々の早朝、休みの日は、ほとんど、本の原稿をまとめています。

なぜ、そんなに頑張るの、と人に聞かれます。じつは、本を年齢の数だけ書くことが私の目標です。それは、発明学会の創設者の豊澤豊雄会長（明治40年生）と出会ったからです。

私は、文章がとにかく苦手で、人前でしゃべることも得意じゃなく、ドキドキしてしまう性格でした。そんな私を、豊澤会長は、とにかく、ほめ上手で、何度もほめるのです。

そして、文章を書くこと、話すことを徹底的に教えてくれました。いつも印税生活ができるよ、と言って乗せられました。

これまで、60冊書きました。印税生活は実現していませんが、講師、講演の依頼がくるのは本を書いているからです。本は文法を気にすると書けなくなるので、文章は短文にして、わかりやすく、ユーモアあふれる文面にしよう、といつも心掛けています。

参考にしてきたのが、テレビ番組の「笑点」、ダジャレの本、電車内の中吊り広告、ユーモアスピーチの会などです。言葉遊びを勉強して、言葉で笑わせるポイントをつかみました。

その効果を確認できる場所が飲み屋です。ノミ（飲む）ニュケーションを楽しんでいます。

また、大学の講義、講演のときです。あと、日常の会話です。

結婚式のスピーチでも、言葉を楽しんでいます。

喜んでスピーチもします。こんな感じです。

……、新郎、新婦のカップルは、アツアツですよね。突然ですが、このアツアツぶりを温度にたとえてみてください。

さて、その温度は、何度だ、と思いますか、……、と問いかけます。参列者の方が、全員、ウーン、何度だろう、と一緒に考えてくれます。

答えが一番多いのは、339度（三々九度）です。

でも、私が欲しい答えは違います。

2人は、とても新鮮です。だから、答えは鮮（1000）度です。何で、鮮（1000）度ですか。それは、いつまでも新鮮で、鮮度を保ってほしいからですよ。

なるほどね。……、これからも、笑い（話題）を提供して、楽しみたいです。

■結婚式の温度、仲直りのスピーチ

「言葉遊び（ダジャレ）の結婚式のスピーチ」

●結婚式の新郎、新婦のカップルのアツアツの温度は

◆温度の問題は、難度（何度）、硬度（高度）

結婚式の新郎、新婦のカップルはアツアツです。

では、このアツアツぶりを温度にたとえてみてください。

さて、その温度は、何度だ、と思いますか。……、と参列者に問いかけます。

会場のみなさんが、ウーン、何度だろう。……、と考えます。

2人はとても新鮮です。だから、答えは鮮（1000）度です。

何で、鮮（1000）度ですか。

それは、いつまでも新鮮で、鮮度を保っていただきたいからですよ。

●喧嘩をしたとき、仲直りのコツ

では、喧嘩をしたとき、仲直りのコツはありますか。
ハイ、ありますよ。まず、冷静になりましょう。
冷蔵庫の前に行ってください。少し、頭を冷やすことが大切です。
透明なコップを持ってください。
透明なコップの中に角氷を2つ入れてください。
テーブルの椅子に座ってください。
このコップを2人の間に置いてください。
コップの中を見つめてください。
角氷は、何個入っていますか。2つ入れたから、2個(ニコ)でしょう。
……、顔がニコ(2個)ッと、なるでしょう。
顔は、一個(イッコ)ですが、自然に2個(ニコ)ッ、となるでしょう。
では、角氷を見てください。……、とけていきます。
角氷は、カドが取れて、マルくなります。
そうです。角氷はコップの中です。だから、ウチトケルのです。

これで、仲直り、できたでしょう。
そして、氷だけにアイスて（愛して）いるよ。……、と言ってください。
喧嘩の原因も、問題がとけ（解け）ます。氷もとけ（融け）ます。
……、ここで、いやなことは、みんな、水に流しましょう。
めでたし、めでたし、……。

6. 発明の楽しさ・夢

長崎工業高等学校 関東支部同窓会 会報誌
元気しとっと！ 第5号 2019年9月発行

発明の楽しさ・夢

昭和48年 電子工学科 定時制卒 中本繁実（一般社団法人 発明学会 会長）

元気しとっと！

第5号のねらいとして、発明・特許関連の仕事に携わっている会員に記事を書いていただくことになり、発明学会に勤務してきた私に寄稿依頼があり引き受けました。

●発明学会との出会い

私は高校（定時制）を卒業後、東京へ上京、㈱渡辺測器製作所（東京都品川区）に入社し、働きながら、ラジオ講座と夜間の予備校で、大学を受験するために、数学、物理、英語（３科目）の勉強をしました。２年後、工学院大学（工学部電気工学科・２部）に合格し、卒業後、学習塾で数学の先生をしながら、就職活動をしました。

昭和56年、26歳のときです。新聞で職員募集の記事を見て、発明学会を知りました。発明に興味をもったのは、創設者で、明治40年生まれの豊澤豊雄会長との出会いです。豊澤会長は、とてもほめ上手で、文章を書くこと話すことを徹底的に教えてくれました。１冊目の本は、30歳のときでした。

その後、本の原稿を書き続けています。私の生涯の目標があります。年齢の数だけ本を書くことです。

●発明学会の使命・目的・活動

発明学会は、発明を奨励し、科学技術の振興と産業の発展に寄与することを目的とする一般社団法人です。発明家の創造性を大切にして、知的財産権として社会に活用できるように個人、中小企業の支援をしています。

特許の実施料の収入を得る人、起業をめざす人、発明・アイデアを趣味として楽しむ人、プラス思考の発想で人生を楽しむ人など、多彩な発明・アイデアの創造の仕方を教えています。

●発明に対する想い

わが国で特許法が制定されたのが明治18年（1885）4月18日です。

発明、特許（パテント）というと大学の研究室、企業の研究所で働く、特別な技術、知識をもっている一部の研究者、技術者にしかできないコムズカシイもの、といった先入観をもっている人が意外に多いようです。

ところが、身の回りの小さな不便を解消した作品で、いままでの商品の一部を改良した素人の思いつきの作品が予想以上に製品に結び付いています。

誰でも得意な分野の知識が生かせるのです。

●〝初恋ダイエットスリッパ〟で億万長者に

私は、長年多くの町（個人）の発明家に、特許などを知的財産権に結び付ける方法を指導しています。

その中で、とても嬉しいことがあります。

それは、いつも元気でイキイキしていることです。

発明年齢は、実年齢の10～15％くらい若々しく見えます。

それは、タダの「頭」を使っているからです。私の回りには、笑顔が素敵な人、健康で元気な人がたくさんいます。趣味を実益につなげています。

成功発明の事例は、テレビでよく紹介されている〝初恋ダイエットスリッパ〟です。

家事と姑の介護によるストレスから、主婦のNさんは、体重が増え、肥満に悩んでいました。だけど、外で運動をする時間が取れない。でも痩せたい、という願望から足の踵を浮かして歩く、つま先立ち健康法をヒントに踵のないスリッパを創作しました。工夫した結果、年商が数億円です。一気に億万長者になりました。

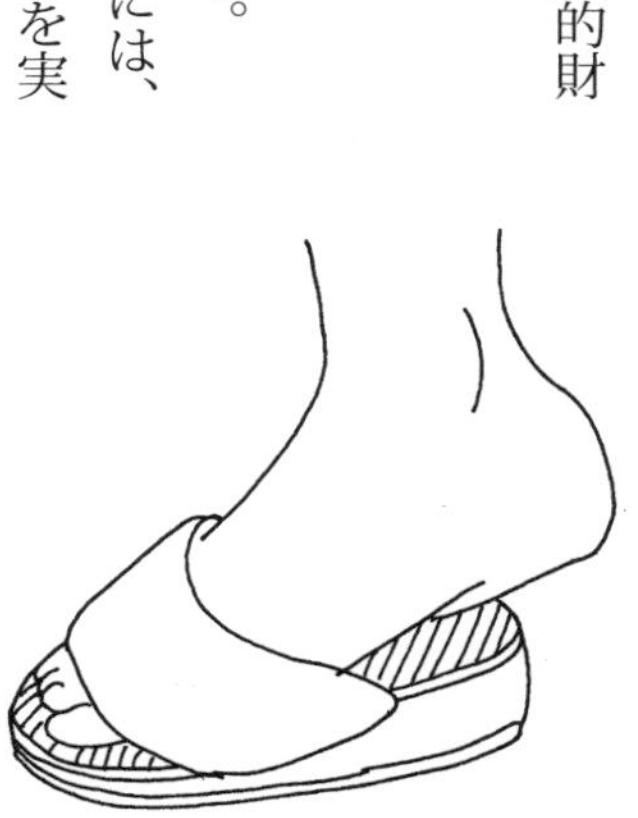

●長工同窓生に語りかけたいこと

製品に結び付く発明・アイデアの素（もと）は、豊富な知識と自慢の特技を活かすことです。使うのも知識が豊富なタダの「頭・脳・手・足」です。それを実行するだけで得意な分野の作品で億万長者になれます。

毎日、ワクワクドキドキが体験できます。その笑顔が回りを幸せにしてくれます。

ところが、人は誰でも日々の出来事に対して、腹をたてたり、いやだと思ったりします。ストレスを引き起こします。心理学者は、このストレスがノイローゼのもとだといいます。このストレスも考えようによっては、それがみんなお金にかわるのです。

それを発明に結び付けるのです。ここから〝発明の楽しさ・夢〟とキャッチボールが始まります。

私は、洒落も大好きですがお酒も大好きです。これまで、60冊書きました。印税生活は実現していませんが、講師、講演、原稿の依頼がきます。それは、本を書いているからです。これからも、笑い（話題）を提供して、毎日を楽しみたいです。

参考文献は、拙著『こうすれば発明・アイデアで一攫千金も夢じゃない！　あなたの出番ですよ！』（日本地域社会研究所刊）などがあります。

7. 心に響く人生の達人セミナー

「いつも笑顔で？ プラス発想？ をしよう！」

長崎工業高等学校 定時制　３１長工業定　第３８６号
令和元年　７月26日

令和元年度「心に響く人生の達人セミナー」の講演について（依頼）

（1）日時　令和元年9月13日（金）
19時00分～20時00分
（2）場所　本校　視聴覚室
（3）演題　「いつも笑顔で？ プラス発想？ をしよう！」
（4）対象者　生徒・保護者・職員　約１００名

一般社団法人 発明学会

会長 中本繁実様

いつもお世話になっております。

長崎県立長崎工業高校 定時制の ○○○○です。

先ほどお電話でご依頼させていただきました講演について、よろしくお願いいたします。

日時は、9月13日（金）19時00分～21時00分で予定いたします。

今回依頼させていただきます講演は、心に響く人生の達人セミナー（人生の先輩からの熱いメッセージ）として実施をお願いする県の事業になります。

そこで、先生から、これまでの経験による苦悩、新しい発見。発明をすることの楽しさなど、人生観、倫理観・職業観を踏まえて今の生徒たちに熱く伝えていただきたいと思っているところです。

よろしくお願いいたします。

実施に当たり、県への計画報告が必要になります。

講演いただきます講演題、大まかな内容が決まりましたら、５月20日（月）までに、ご連絡をお願いいたします。

急なお話をご快諾いただきありがとうございます。

ご多忙中とは思いますが、よろしくお願いいたします。

講師　中本繁実（なかもとしげみ）

◆講演題
いつも笑顔で？　プラス発想？　をしよう！
◆講演の大まかな内容
大きな声で、挨拶をする。相手をほめる。約束を守る。「ありがとう」という。お礼の手紙を書く。

たとえば、白紙に「ありがとう」と書くだけで、晴れやかな気持ちになれます。

声を出して、読んでください。元気が出てきます。

前向きの姿勢が、すぐに、結果に結び付かなくても、必ず、自分の生きる力になります。

小さいこと、できることを積み重ねるのです。それが、視界が開ける、一つの道です。

私は、長崎工業高等学校 定時制（電子工学科）を卒業して、東京の会社に就職し、仕事が終わってから、2年間、大学（私立大学）を受験するため、夜間の予備校で、数学、物理、英語の3科目学びました。

大学の工学部（電気工学科）の夜間部（2部）に合格し、働きながら、4年間勉強しました。

合計10年間です。

大学を卒業後、1年間、学習塾の数学の先生を経て、一般社団法人 発明学会に就職し、現在は、発明学会会長、東京日曜発明学校校長、発明に関連した本を多数書いています。

目標は、年齢の数だけ本を書くことです（いま、60冊）。

週1回・4コマ（1コマ105分）大学で講師（非常勤）をしています。

毎日の仕事の内容は、発明をすることの楽しさを多くの人に伝えることです。

発明・アイデアの発想法には、3つのポイントがあります。

①不快な出来事がアイデアの原点

毎日の仕事、生活の中で「？ クソッ！」と腹が立つことがたくさんあります。

ああ、いやだ・ああ面倒だ、腹が立つ、○○が心配だ、……。

こうした不快な出来事のウラには、ヒット商品につながる源泉があります。

②小さな？ 不？ を見逃すな

不平、不満、不便、不都合、不合理、不愉快、……。

こうした？ 不？ が付くものは、どんな小さなことでも見逃してはいけません。

これくらいは、やむを得ない、とがまんしてはいけません。

③欠点列挙法で、積極的な発想へ

人は誰でも欠点を見つけることが大好きです。観察力と批判力があります。それを発明・アイデアの発想に結び付けましょう。

現在の製品、仕事のやり方、道具、器具について、欠点を見つけましょう。

集中的に探せば、たくさんの欠点が見つかります。

この欠点を有効に活用するのです。改善・提案に結び付けるのです。

実益につながる発明・アイデアも、次々と生まれます。

以上のようなことを実行すると、いつも笑顔で、プラス発想ができます。

■発明・アイデア成功十訓

一．発明は欲から入って欲から、はなれたころ、成功する

二．悪い案も出ない人に、よい案は生まれない。まず、悪い案でもよいからたくさん出せ

三．一つ考えた人は、考えなかった人より一つ頭がよくなる

四．頭、手、足を使っても、お金は使うな

五．発明のテーマ「科目」は、自分で実験（テスト）ができるものの中から選べ

六．くそっと思ったら、金の卵がある

七．半歩前進、ちょっとひねれ、それが成功のもと

八．他の人の発明に感動する心を養え、次に、私ならこうする。……、と考えよ

九．出願の文章は自分で書け、それが次の発明をひき出す

十．発明の売り込み（プレゼン）は、発明したエネルギーの二倍使え

第４章
作品も、自分も
ＰＲをしよう
新聞、テレビ、ラジオなど
マスコミに売り込もう

1. 日曜発明学校で売り込み「プレゼン」の練習をしよう

(1) 積極的に○○の作品を発表し、協力しあう学習の場

春夏秋冬、いつの日曜日（または、土曜日）でも天候に恵まれた日となればレジャーを楽しむ人たちは、各地のスポットの列に並んでいることでしょう。

ちょうど、その頃、東京日曜発明学校（校長 中本繁実）をはじめ、全国五十数カ所の教室で日曜発明学校が開かれています。ぜひ、お友達と一緒に参加してください。

雰囲気がいいです。初参加でも大歓迎です。参加費（当日会費）は、1回1000円くらいです。面接で個人相談も受けられます。ご希望の方は、予約をお願いいたします。

参加者が多いところは、100余名、少ないところでも、数十名の町（個人）の発明家が集まります。

教室では目を輝かせながらマイクを握る司会者の一言一句に集中しています。

参加者は、町（個人）の発明家、普通のサラリーマン、OL、エンジニア、家庭の主婦の人

たちです。

私たちの生活の周辺には、便利な商品があります。その商品をいつも便利に使っています。でも、一つか、二つは問題点（欠点）があります。

いま、使っている○○の商品、ここが不便です。使いにくいです。……、と思ったところを改良するのです。

たとえば、機能上の問題点（欠点）を改良するのです。そして、日曜発明学校に町（個人）の発明家が笑顔で出席しています。

手作りの試作品を持参します。それも、自信作です。その作品を得意になって、試作品を使って、実演しながら発表（プレゼン）します。

質問の時間もあります。
○○の作品について、講師の先生、集まった人たちが意見を交換しあいます。製品に結び付けるために積極的に協力しあいます。初心者の学習の場になっています。
いい意味で、きびしい意見もあります。

意見（違県）は、もともとあいません。どうしてですか。たとえば、千葉県と神奈川県は、違県（いけん：違う県の意味）です。

日曜発明学校では、毎回、十件前後の作品の発表（プレゼン）の申し込みがあります。発明者が順番に発表（プレゼン）をしていきます。


司会者：○○さんの○○の作品の発表です。みなさん聞いてください。

発表者：私の○○の作品を聞いてください。

　いままで、○○の商品には、○○の部分に問題点（欠点）がありました。

　それを、このような形に改良して、その問題点（欠点）を解決しました。

　その結果、使い方も簡単で、こんなに便利になりました。


……、こんな調子で、発明者は、手作りの試作品、説明図（図面）を見ながら、作品のセールスポイントなどを要領良く説明します。

その時間は、約4分です。3分くらいで、○○の作品の説明ができるようにまとめてきます。

質疑応答は、約3分です。発明者は、家で何回か練習をしてきます。

カラオケのような発表です。カラオケは、歌っている本人は上手いと思って熱唱しています。

ところが、周りはそうでもないことが多いです。失礼とは思いますが、……。ちゃんと聞いていません。最後に拍手はしてくれますよ。だけど、形だけです。
だから、発表者は、発表を聞いていただけるように、練習することが必要です。

司会者：○○の作品について、何か質問はありませんか。
参加者：私も、それに困っていたところです。とても感心しました。
参加者：上手い案だと思います。
　ところが、その形では、○○の理由で問題があります。
　使いやすさの面でも、○○の部分に問題があります。
（……、など、質問されます）
司会者：講師の方にお伺いします。
　この○○の作品は、「特許」などの権利が取れますか。
講　師：機能的なところは、「特許」の対象です。
　物品の形状が可愛いので、「意匠」の権利も取れるでしょう。
……、などのやりとりが行なわれます。

このような感じです。日曜発明学校は、六十余年の間、運営されています。この日曜発明学校から生まれた作品は、何万件もあります。その中から、実際に製品になった作品も誕生しています。そうすると町(個人)の発明家が集まってきます。

自然に、中小企業の社長さんも参加してくれます。自分の会社で製品にできる作品はないですか。……、と言って、スカウトに来てくれるわけです。

(2) 発表すると、作品のレベルもアップする

○○の作品を製品に結び付けることを目指している人は、日曜発明学校に参加してください。
そして、自分の○○の作品を発表してください。参加している人の感想が聞けます。作品のレベルもウンとアップします。素晴らしい体験ができます。

◆"トップ賞"を取っていただきたい

発表した数点の作品に対して、どれが一番、内容がよかったか。……、その日集まった人たち全員が投票します。そして、トップ賞を決めます。その人には、記念品と賞状が授与されます。

初心者は、ここで、○○の作品を発表して、トップ賞を取っていただきたいのです。トップ賞が取れたら、これで、水準までいった、と考えて間違いないです。

◆売り込み（プレゼン）に力を入れる

ここまできたら、今度は、売り込み（プレゼン）に力を入れてください。トップ賞を取ると、テレビ、新聞、雑誌などで取材されることもあります。それで、○○の作品が製品に結び付くケースもあります。

もしもですが、トップ賞が取れなかったときは、まだ、解決できていない問題点（欠点）が残っているのです。本人は、頑張ったのに、くやしいでしょう。でも、それは、いっときのことです。ここで、いっそう発想の方向を変えてみることです。

◆完成度の高い素晴らしい作品にまとめる

ここであらためて、手作りで試作品を作るのです。使いやすくなったか、試してみましょう。効果が確認できます。そうすれば、人が素晴らしい。……、と言ってくれます。評価してくれます。

そうです。完成度の高い素晴らしい作品にまとまったのです。

ここで、再度、発表してください。今度は、トップ賞が取れます。

（3）最寄り駅は「都営大江戸線（地下鉄）・若松河田駅」

東京日曜発明学校（〒162―0055　東京都新宿区余丁町7番1号）の最寄り駅は「都営大江戸線（地下鉄）若松河田駅」です。「新宿西口駅」からだと2つめの駅です。「都営大江戸線の新宿」には、「新宿駅」と「新宿西口駅」があります。「新宿西口駅」で乗車してください。

「若松河田駅」の改札口を出てください。真正面の壁を見てください。案内用の地図があります。その地図に「一般社団法人 発明学会」の場所が表示されています。ごらんください。「河田口（地上出口）」に出てください。左側に見える交番が目印になります。左側の方向へ歩いてください。

徒歩約5分（約400m）のところです。「発明学会ビル」は、5階建ての黒っぽいビルです。会場は3Fホールです。詳しくは、あとがきで説明します。

東京日曜発明学校の場所、資料が必要なときは、お手数ですが本書を読んだと書いて、〒162―0055　東京都新宿区余丁町7番1号　一般社団法人 発明学会（会員組織）「東京日曜発明学校」あて、返信用切手84円×8枚を同封し請求してください。これは、読者に対するサービスです。「発明ライフ（小冊子）500円」プレゼントいたします。

電車の中吊り広告に、英会話の学校のコマーシャルがありました。その中に練習問題が紹介されていました。

英会話の学習を、サジをなげない（言葉のそばにスプーンの写真があります）でヤリぬきましょう（言葉のそばにヤリの写真があります）という案内です。

サジをなげない、を英語でいうと、①Dont pitha spoon ②Never give up ①のサジはスプーンでしょう。直訳すると、その通りですが、②のギブアップはいけませんよ。……、というのが正解です。

これを見た、私の感想は、スプーン一杯の幸せかな、……、と思いました。

そうです。○○の作品は、得意で、大好きなことでしょう。だったら、製品にするまでは、ギブアップ（give up）してはいけないのです。

2. マスコミは、あなたの情報をまっている

(1) テレビ、新聞などで紹介されると製品になりやすい

テレビ、ラジオ、新聞、雑誌などで、町(個人)の発明家の作品を取り上げて紹介してくれています。地方の新聞などは良く採用してくれています。

私のところにも地方の会員の人が新聞の切り抜きを送ってきて、先生、私の○○の作品がこのように新聞に掲載されました。……、とほこらしげに言ってきます。

私のところに、テレビ、ラジオ、新聞、雑誌などの編集者がやってきます。

○○の作品が製品になった人、面白い情報があったら、ぜひ発明者を紹介してください。……、と言ってくれています。

中小企業の社長さんだって、目をさらのようにして、新しい製品にできる社外の作品を求めています。

テレビ、新聞、雑誌で紹介されると、それを見て製品にしてくれる可能性も出てきます。

（2）新聞、雑誌などで紹介してくれる記事は無料

発明者は、発明・アイデアの試作品ができたら、その写真を撮って、それに説明を付けるのです。

私は機能的で外観が美しくて、実用的な○○の作品を考えました。手作りで試作品を作り、何カ月も使っています。その間に不具合なところは、何度も改良を加えました。

その結果、周囲の人にも好評を得ています。ぜひ○○の作品を見ていただけませんか、……、といった手紙を○○誌の編集長様あてに送るのです。

それを編集部の人が気に入ってくれたら、ぜひ取材させてください。……、といって申し込みの連絡がきます。無料で記事にして、○○の作品を紹介してくれます。

編集者と○○の作品の相性があります。だから、すべて、紹介してくれるわけではありませんが、内容が好きな編集者に会うまで何通でも出してみることです。

何通出しても切手代だけです。そんなに負担になることもないでしょう。

このとき、編集者が考えることは、○○の作品が製品に結び付くかどうか、……、ということよりも、○○の作品の記事を書いたら、読者は珍しがって興味をもってくれるかどうか、

……、といったことです。

それが、どんなに素晴らしい作品だったとしても記事になったとき、読者が喜んでくれなければ、○○の作品の記事は書いてくれません。

そこを考えて、編集者が採用してくれるには、○○の作品、どのようなセールスポイントを書いたらいいか。……、ということです。それは発明者が一番わかっていることです。

うまくいくと、すぐに、○○新聞にのって、2カ月後には○○雑誌にのって、テレビでも紹介されて、それでスポンサーがついた。……、などと、いうことも考えられます。

それには、少なくても、二つか、三つの新聞か雑誌にのることが必要でしょう。

マスコミの住所は、マスコミ電話帳（宣伝会議発行）などで調べることができます。

3.「企画書」の書き方

(1)「企画書」の書き方◆事例①「4月18日は何の日」

知的財産権『発明・アイデア』情報
「4月18日は何の日」企画書

拝啓　時下ますますご清栄のこととお喜び申し上げます。

突然で失礼いたします。

私は、町（個人）の発明家、サラリーマン、ＯＬ、主婦が工夫した○○の作品を特許の出願の手続き、売り込み、契約、……、などの幅広く相談に応じ、作品が製品に結び付くように、サポートをしています。
○○の作品の特許、意匠などの知的財産権の保護の橋渡しをしながら発明思想の普及をしています。
現在、日本の発明人口は、７００万人とも、約８００万人ともいわれています。

十数人に1人は、特許（発明）に興味をもっていることになります。

最近の1年間の件数は、約32万件です。

初めて考えた作品が製品になれば超ラッキーです。その一方で、苦節の日々を重ねて、ようやく実を結ぶこともあります。

発明・アイデアライフはじつに面白いです。

そういうことを記事として、ご紹介していただければ、みなさんに楽しんでいただけると思います。

簡単な資料をお送りさせていただきます。

ご多忙中、恐縮ですがご一読ください。

よろしくお願いいたします。

敬具

手紙を読んでいただきましてありがとうございます。

（添付資料として）

★4月18日は発明の日

産業財産権「特許・実用新案・意匠・商標」とは、発明、デザインなどの作品を財産として保護する制度です。

明治の初めに専売特許条例という太政官布告が公布されました。

いまの特許法にあたるものです。

わが国で施行された初めての特許法です。……、と言っていいでしょう。

明治18年4月18日に公布されました。この法律ができた日を記念して「4月18日」が「発明の日」になったのです。発明の誕生日です。

★アイデアは誰にでもできる

特許、発明と聞くと、大学の研究室、企業の研究所で働く特別な技術、知識をもっている一部の技術者にしかできないコムズカシイもの。……、といった先入観をもっている人が意外に多いと思います。

たしかに、インターネット（IT技術）、バイオテクノロジー、超伝導といった最先端の技術を思い浮かべれば、多くの人が、特許、発明、あー、ムリムリと腰が引けてしまうのもトーゼンです。

ところが、ドッコイ！　世の中には身の回りの小さな不便を解消したり、ちょっとした部分を改良したものが予想以上に製品になっています。

それだけではありません。驚くべき大ヒットをかっ飛ばし、莫大なロイヤリティ（特許の実施料）でバラ色の人生を謳歌している人がいることをご存じですか。

「洗濯機の糸くず取り具」、「初恋ダイエットスリッパ」、「肉取物語（シェイプアップサポーター）」、「地下鉄乗換えマップ」……。

素人のチョットした小さな作品が大ヒットにつながったものばかりです。

いずれも劣らぬ、アマチュア（町）の発明家の大発明です。

決して高名な発明家とか大企業の仕業ではありません。

そのヒラメキ一つで、発明者は月に数十万円から、数百万円ものロイヤリティ（特許の実施料）をしっかりといただいています。

億万長者もかなわぬ夢ではないのです。左うちわの生活だって可能です。

構造不況が長引く中、特許（発明）は、私たち庶民に平等に与えられたチャンスです。ちょっとしたコツを覚えて〝一攫千金〟をねらってみてはいかがでしょう。

チャンスはあなたの目の前に広がっています。

新しい作品を考える。……、ということを堅苦しくとらえる人がいます。

新しい作品を考えることに対して、何もかまえることはさらさらないのです。

新しい作品を考えることは、特別な技術、知識はいらないのです。

★小さな作品は、無から有を生み出す必要はない

結論からいえば、新しい作品を考えることは誰にでもできます。小さな作品は無から有を生み出す必要はありません。有から有（一部改良）といった発想で十分です。

そこで、たとえば、いま使っているものの、使用上の不便さを解消するために何をどう付け加えるかが第一歩です。問題意識をもつことです。

最初は、思いつきです。何日も夜なべして考え、悩まなくてもいいし、ヒラメキです。だから、次から次へと新しい作品を考えられます。

そんなふうに考えればラクではないですか。何も構える必要はないのです。

素晴らしい作品を思いついたとき、それを忘れないようにメモをしておいてください。それ

を、さらに具体化して試作品を作って、テスト（実験）をして、不具合なところを改良し、自分なりにもっと便利にする方法を考えることです。

そして、そのとき、とりあえず、いつ考えたのか、その日付がわかるように権利の保護をしておいて、その後で、関連メーカーに提案してください。

そうすると、○○の作品は、製品に結び付くか、判断ができます。

そのとき、出願の書類を作成し、出願の準備をしておいてください。それから、特許の権利を取ることを考えましょう。あとで、加筆、訂正が必要になることが多いからです。むやみに特許庁に出願すると、出願料をムダにしてしまいますよ。

特許などのしくみ、考え方は、素人でも十分に理解できるし、やればやるほどじつに面白くなってくるものなのです。

夢が具体化し、その素晴らしい作品を、製品にしてくれるかもしれないのです。

発明　コーナー台本（案）

○○
●今日は、いま話題になっている（注目されている）「発明ライフ」を紹介します。
●詳しいお話を、一般社団法人 発明学会 会長の中本繁実（なかもとしげみ）さんにお伺います。
○○
●いま話題の「発明ライフ」ですが、たくさんの人が発明に興味をもっているようですね。
中本
●日本の発明人口は、７００万人とも、８００万人ともいわれています。
十数人に１人は、特許（発明）に興味をもっていることになります。
最近の１年間の出願件数を調べてみました。約32万件です。
○○
●特許（発明）というと、難しい、といったイメージがありますが、……。
●私たちにもできるのでしょうか。
中本
●発明と聞くと、大学の研究室、企業の研究所で働く特別な技術、知識をもっている一部の技術者にしかできないコムズカシイもの、……、と言った先入観をもっている人が意外に多いようです。
●身の回りの、小さな、小さな不便を解消したり、ちょっとした小さなアイデアで、改良された素人の思いつきの作品が予想以上に製品になっています。
●特別な技術、知識は必要ありません。
●発明は誰でもできます。
○○
●そういう方たちは、どうやって発明品を生み出しているのですか。アドバイスをお願いします。
中本
●製品の一部を改良して便利にした作品は、無から有を生み出す必要はなく、有から有（一部改良）と言った発想で十分です。
●そこで、いま使っているものの、使用上の不便さを解消するために何をどう付け加えるかが第一歩です。
問題意識をもつことです。

●それを忘れないようにメモをしておいてください。
●さらに、それを具体化して、試作品を作って、テスト（実験）をして、不具合なところは、さらに改良し、自分なりに、もっと便利にする方法を考えることです。
●やればやるほどじつに面白くなってくるものなのです。
それがアイデアです。特許（発明）です。
○○
●そんな日常生活から生まれた発明品というと、どんなものがありますか。
●有名な発明品、画期的な発明品など、2、3、ご紹介ください。
中本
●〝初恋ダイエットスリッパ〟など、……。
●その中で、女性の活躍が大変目立ってきています。
●女性（主婦の方!?）は楽しみながら発明をして、元気いっぱいです。
毎日イキイキ生活をしています。
●何かを生み出すという面白さ、それが生活に役立つと快適な生活を送れる。
さらに、○○の作品が製品にという夢もふくらみます。

特許（発明）の面白さはいろいろです。
〇〇
●それが、発明ライフに、はまるワケ⁉
●みなさんも、今日から、発明ライフを送ってみては⁉
●今日は、一般社団法人 発明学会 会長の中本繁実（なかもとしげみ）さんにお話をうかがいました。

(2)「企画書」の書き方◆事例②単行本の売り込み方

令和〇年〇〇月〇〇日
単行本・企画のお願い
拝啓
時下ますますご清栄のこととお喜び申し上げます。
突然で失礼いたします。
私は、日ごろ、知的財産権の取り方・生かし方などの指導をしています。対象者は、町（個人の）の発明家、サラリーマン、ＯＬ、主婦、学生が主です。

最近の多くのヒット商品は、機能がいいものばかりではなく、製品の外観のデザインの「よし、悪し」が大きくモノを言う時代だと言われています。

各会社では、作品のパテント（特許）、デザイン（意匠）の知的財産権を取ることに力を入れています。

そこで、次の企画案を書きました。

〔仮題〕『元気になれるこんなにやさしい出願の本はなかった
——超カンタン3時間手作り 特許出願法
時間とお金をかけずに権利を取る！
ユニークなドリル形式を活用することで書き込みながら、
特許願の出願の書類の書き方をラクラク完全マスター！』

発明配達人　中本繁実著

出版の検討をしていただきたく、「はしがき」と「もくじ」をお送りさせていただきますので、ごらんいただければ幸いです。

ご不明な点がございましたら、何なりとご連絡ください。

よろしくお願いいたします。

敬具

（添付資料として）

はしがき

ＴＶ、新聞、雑誌などで、私は○○で1億円儲けました。……、といったことが紹介されています。

それも、自分でもできそうな作品ばかりです。自然にワクワクしてきますよね。読者のあなたも、発明・アイデアで〝一攫千金〟も夢ではないのです。

さっそくですが、素晴らしい作品を考えました。次は、権利（独占権）を取ることが必要です。その権利を取るためには、何をどうすればいいのでしょうか。

○○の作品の内容を特許願の出願の書類にまとめることが必要です。

特許庁に出願の手続きをします。その費用は1万4０００円です。

ここで、とにかく、文章が苦手で、自分では書類が書けない。……、といって、悩む人がいます。書き方が難しい。……、と勝手に思っているからでしょう。

手続きをプロにお願いして、何十万円も間単に使う人もいます。

でも、出費はこれだけではありませんよ。出願料の他に、さらに登録になるまでに出願審査の請求料、登録料などが必要になります。

その費用、合計すると、１件約１００万円です。

○○の作品に新しさがあれば権利は取れます。でも、それが製品に結び付くかどうか、権利とは別の問題です。

出願したからといって、権利が取れないものも数多くあります。

それは、最初に創作した数件の作品が、すでに、出願されているケースが多いからです。特許庁の特許情報プラットフォーム（J-PlatPat）で調べることができます。

ムリをして、お金を使うと創作活動は長続きしません。

いままでの統計では、製品に結び付く作品は、１０００に３つです。

製品化率が低い原因は、ムリをして、お金を使いすぎることです。

みなさんが、彼女（彼）を口説くときだって、1回のデート代で、何十万円も使いますか。使いましたか。あなたの、毎月の収入（給料）を考えてください。どんなときでも、ムリをしてはいけませんよ。信頼ができるまでには相当の時間がかかります。

そこで、この本で、出願の書類の書き方が本当にやさしい。……、ということを知っていただきたいのです。

発明・アイデアの・学習は楽しい。……、ということを知っていただきたいのです。

私は、約40年間、特許の出願の書類の書き方などの実務を中心に指導しています。いまも進行形です。私が持っているすべてのノウハウを公開し、誰でも出願の書類が簡単に書けるように本書をまとめました。

ユニークなドリル形式を活用することで、あなたの○○の作品の内容を書き込みながら、出願の書類の書き方をマスターできるように工夫しました。

これで書けるようになるでしょう。簡単に書けた、できた、と言っていただきたいのです。

自分で書けるようになれば、費用は、1万4000円の実費だけです。それで、特許庁に出願できるようになります。

ぜひ、本書で説明する通りに、出願の書類を書いてみてください。立派な出願の書類が書けたら、ぜひ見せていただきたいと思います。これは、素晴らしい。……、と感動させてください。

本書は、わかりやすく説明するために、多少くどい点があるかもしれませんが、ご理解ください。

中本繁実

令和○年○○月○○日

※「もくじ」については、本書のような、内容の「もくじ」を添付すればいいのです。参考にしてください。企画書に添付するときの「もくじ」は紙面の都合で割愛させていただきます。

4. 本の出版の記事依頼

発明・アイデア 情報コーナー担当者 様

手紙を読んでいただきましてありがとうございます。

「発明・アイデアの情報
お金をかけずに〝特許〟が取れて
町（個人）の発明家が〝一攫千金・億万長者〟に！」

拝啓
貴社益々、ご隆盛のこととお慶び申し上げます。
突然ですが、手紙で失礼いたします。
本日、特許（発明）の楽しさと〝一攫千金・億万長者〟の〝夢〟を伝えたくて、『発明・アイデアの情報』をお届けさせていただきます。

私（中本繁実）は、30歳のときから、楽しくて〝夢〟のある知的財産権の分野の本を書き続けています。いままで、改訂版を含めて、60冊書きました。昨年は、４冊書きました。

本の監修もしています。本の推薦文も書いています。本の編集のお手伝いもしています。

一般社団法人発明学会（会員組織）で、企業、研究機関などではなく、個人で小さな作品を作っている、いわゆる〝町（個人）の発明家〟の相談を受け、アドバイスをしています。

これまで（40年間で）、約10万件の特許（発明）の指導、育成をしてきました。

これまでに、多くの作品を指導する中で見えてきた、作品を製品に結び付けるための秘訣、陥りがちな失敗などを、これから、何か作品を作ってみようかなあー。……、という人の参考になるように、本を書き続けています。

発明・アイデアのまとめ方、発想の変え方、試作品の作り方、テスト（実験）の仕方、「特許願」の出願の仕方、会社への売り込み（プレゼン）の仕方、世間へのアピール（プレゼン）の仕方は、発明活動とは切り離せない知識です。

発明・アイデアライフを楽しく続け〝夢〟のロイヤリティ（特許の実施料）生活が実現する

ために知っていただきたいことばかりです。

ご存じのように、日本は資源が少なく、土地の面積も小さな島国です。そんな日本が発展するためには、タダの頭を有効に使って、さまざまなものを作り出していくしかありません。特許（発明）が国を支える、と言っても過言ではないのです。本が、そのきっかけになれば幸いです。

ご検討ください。よろしくお願いいたします。

ご不明な点がございましたら、何なりとご連絡ください。

まずはご案内まで。

敬具

追記

成功事例などにつきましては、発明学会ＨＰ「http：//www.hatsumei.jp/」をご参照いただけますと嬉しいです。

よろしくお願いいたします。

◆取材、成功発明の事例などのお問い合わせは、
〒162―0055　東京都新宿区余丁町7番1号　発明学会ビル
一般社団法人 発明学会　　中本繁実（なかもとしげみ）まで

（添付資料として）

資本がなくても〝発明は誰でもできる〟ことを伝えたくて、本を書いています。

●〝一攫千金・億万長者〟も〝夢〟ではない！
タダの、頭脳を使うだけで、心も、体も、元気になれる！
TV、新聞、雑誌などで、私は○○の作品で1億円儲けました。……、といったことが紹介されています。それも、身近な作品ばかりです。すると〝誰でも発明ができる〟……、と思います。

自然にワクワクします。

ここで、あまり使っていなかった「頭（あたま）」、「脳（のう）」にスイッチが入ります。そうです。普通の人が、○○の作品で〝一攫千金・億万長者〟も〝夢〟ではないのです。

タダの「頭（あたま）」、「脳（のう）」を使うだけです。

ここで、豊富な経験、知識を活かすのです。製品に結び付ける素晴らしい作品を思いつきます。

ここから、未体験ゾーンに入ります。

□○○の作品に関連した同じような先行技術（先願）など、情報を集める

「特許情報プラットフォーム（J-PlatPat）」の「特許・実用新案、意匠、商標の簡易検索」で、誰でも簡単に調べることができます。

特許（発明）の図書館です。特許（発明）の辞書です。情報量がすごいですよ。

この、先行技術（先願）の特許公報が役に立ちます。出願の書類にまとめるときの参考書になります。図面の描き方の参考書になります。符号の書き方の参考書になります。

願書の出願人のところを見てください。知的財産権に興味がある会社も見つかります。売り込みたい第一志望の会社も見つかります。

次は、特許（発明）などの知的財産権の権利（独占権）を取ることです。

そこで、権利を取るために、「特許願」の出願の書類の書き方はやさしい。特許（発明）の学習は楽しい。……、ことを教えたくて、本をまとめました。

私（中本繁実）は、40年間で、数万件の発明・アイデアの指導の実績があります。いまも進行形です。

そこで、私がもっているすべてのノウハウを公開しました。

これで、誰でも「特許願」の出願の書類が簡単にまとめられます。ぜひ、試してください。「特許願」のまとめ方をマスターできるように工夫しました。

●1万4000円（特許印紙代）の実費だけで、「特許願」は出願ができる

そうすれば、1万4000円（特許印紙代）の実費だけで、「特許庁（〒100―8915東京都千代田区霞が関3―4―3）」に出願ができます。ぜひ、本で説明する要領で、「特許願」をまとめてください。簡単にまとまります。そして、まとまりました！　できました！……、と言って、感動してください。

私にも、ぜひ、見せてください。素晴らしい「特許願」にまとまりましたね！　と言わせて

ください。そして、感動させてください。

ところが、文章が苦手だ、……、と言う人がいます。そして、自分で、「特許願」が書けない。……、と言って、悩むのです。

□代筆をプロにお願いをして、数十万円、使う人もいる

形式だけの、代筆のラブレター（手紙）をいただいて、あなたは、嬉しいですか。

また、数十万円、使って、特許庁に出願をしました。だから、と言っても、「出願＝権利＝製品」ではありません。

製品に結び付くかは、権利と、別の問題です。

それなのに、ムリをして、お金を使って、未完成の作品の権利を取ることだけを考えています。

権利（独占権）は、作品に新規性（新しさ）、進歩性（困難さ）があれば取れます。

たとえば、みなさんが、彼女（彼）を口説くとき、1回のデート代で、数十万円（！）も使えますか。使えないでしょう。

……、あなたの、給料を考えてください。どんなときでも、ムリをしてはいけません。信頼ができるまでには相当の時間がかかります。

いままでの統計では、製品に結び付いた作品は〝0.3％（1000に3つ）〟です。製品化率、……、低いです。そこで、私は、0.3％（1000に3つ）から〝3％（100に3つ）〟にしたくて、本をまとめました。

お願いしたいことは、○○の作品を製品に結び付ける〝私の目標〟を決めることだけです。

『アイデアは愛である』 中本繁実

《著者略歴》 中本繁実（なかもとしげみ）

ふるさと（長崎県）会は、関東西海市会、長崎工業高校 関東同窓会などに参加しています。

著者略歴は、紙面の都合で割愛させていただきます。本書の著者略歴と同じです。参照してください。

●「一般社団法人 発明学会（会員組織）」の紹介

一般社団法人発明学会（会長中本繁実）は、65年（昭和29年創立）の実績があります。

発明することが大好きなサラリーマン、主婦など、約3000人の町（個人）の発明家の発明活動を支援する団体・一般社団法人です。

「特許」、「発明」というと一般の方には、難しいイメージがあります。ところが、ごく普通の主婦、サラリーマンが毎日の生活の中で、便利に暮らせるように、生活道具を工夫しています。

主な例として、主婦が工夫した「電気洗濯機の糸くず取り具」、「初恋ダイエットスリッパ」、など、があります。

サラリーマンが発明した「ゴキブリホイホイ」、「オセロゲーム」などの〝ヒット商品〟も当会会員の提案から誕生した商品です。

〒162―0055 東京都新宿区余丁町7番1号 発明学会ビル
一般社団法人 発明学会

最後までご一読いただきましてありがとうございます。

心から、深謝いたします。

あとがき（まとめ）

●私があなたの○○の作品を見てアドバイスをしましょう

本書をお読みになったあなたは、特許（発明）のことが大好きになったと思います。

そして、さらにたくさんの作品を考えるようになったでしょう。○○の作品が近い将来、製品になりそうな気がして、ワクワク、ドキドキしていると思います。

それでいいのです。でも、そのときにやっていただきたいことがあります。それは、○○の作品に関連した情報を集めて、明細書の形式に内容を整理することです。出願の書類の下書きを作成することです。

先行技術（先願）は、特許庁の特許情報プラットフォーム（J-PlatPat）で調べられます。しかも、費用は無料で、検索ができます。

特許（発明）に出願するときにお金もかかります。自分で書いても1万4000円の出願手数料（特許印紙代）と電子化手数料がかかります。

日本は、一番先に出願した人に権利をあげます。……、という制度になっています。そのことを先願主義といいます。

だから、本来ならば、特許庁に出願してから、売り込み（プレゼン）をするのが一番です。ところが、思いついただけの作品です。試作も、テスト（実験）も、していません。その未完成の作品を急いで、出願しても、第一志望、第二志望の会社は、採用してくれません。相手にしてくれません。

町（個人）の発明家の中には、私が思いついた作品を他の人（第三者）がマネをした。……、と言う人がいます。それは違いますよ。発明・アイデアは、課題を解決する方法（手段）を具体的にまとめてから、提案をしないといけません。

こういう作品があれば便利で、いいなあー。……、といった提案では、……、ありがとうございました。……、と言われて、それだけで終わってしまいます。

そうです。○○さんを、好き、と言うだけではいけないのです。○○さんから、私も大好きです。……、と書いた返事が来るように、口説いてください。……、ということです。そのプロセスが大切です。

他力本願ではいけません。試作代、先願調査料、出願料などの費用が大変です。何十万円も使ったから、……、といって、誰も、○○の作品が製品になるパスポートは、発行してくれません。

その前に、○○の作品は、特許出願中（PAT．P）です。……、と書いて、第一志望、第二志望の会社に手紙を書くことです。そして、売り込み（プレゼン）をすることです。○○の作品を製品に興味を示したら、返事は早いです。お互いに信頼して売り込み（プレゼン）をしてみましょう。発明者も会社の担当者を信頼してください。会社の担当者も、その信頼にこたえてあげてくださいね。

お願いしますよ。とにかく、悩んでばかりいてはいけません。ＯＫの返事をいただけるように行動しましょう。特許願の出願の準備をしておいた書類に加筆、訂正をして、それから、出願をしても、遅くはないのです。売り込み（プレゼン）と同時に、製品になる可能性もチェックができます。

そのとき、素晴らしい作品を盗用されたらどうしよう。……、と心配な人は、○○の作品を○○年○○月○○日に考えました。……、と言えるように、セールスポイント、説明図、イラスト、製品になったときのイメージ図などを描いて、その事実（日付）を残しておくことです。

それを証明できるように、公証役場を利用するのもいいでしょう。郵便局の切手の日付印（消印）を利用してもいいでしょう。

未完成の作品の出願は、急がなくてもいいですよ。……、と説明しても、誰でも、自分の作品は最高です。……、と思うものです。それで、一日も早く特許の出願の手続きをしたい。……、と思うのです。

それで、出願をプロに頼む人もいます。ところが、すでに、先行技術（先願）があることが多いです。

先行技術（先願）は、特許庁の特許情報プラットフォーム（J-PlatPat）で調べられます。その書類は、すぐに確認できます。

それなのに、みすみす大切なお金をムダづかいしている人もいます。

それで、発明貧乏、出願貧乏になるのです。そのため、特許庁に出願する前に相談するほうが出願料の節約になって得策です。

そこで、作品を拝見させてください。明細書の形式にまとめた説明書と図面（イラスト）を送ってください。

特許（発明）の内容を一番理解しているのは発明者です。だから、発明者が書類にまとめて、特許庁に出願をすれば、費用は実費だけですみます。

これまでに、約10万件の作品を指導した私が体験したことをもとに、読者のみなさんが短期間でリッチな発明・アイデアライフが楽しめるように、作品の売り込み（プレゼン）の仕方、売り込み（プレゼン）の手紙の書き方などのアドバイスをさせてください。

その内容が特許（発明）になるのか、意匠（デザイン）になるのか、……、などのアドバイスをすることができます。

●最初は「一回・一件体験相談」を活用しよう

町（個人）の発明家の良き相談役として、頼りにされている、一般社団法人 発明学会（会員組織）では、初心者のために、体験相談（面接、手紙）を行っています。一回・一件体験相談（面接相談は、予約が必要）」を希望されるときは、相談にこられる前にあなたの作品に関連した情報を集めてください。出願をするときの書類の書き方の指導から、売り込み（プレゼン）などのアドバイスをしてくれます。関連した情報は、ＵＳＢメモリーに保存しておいてください。それを相談のときにご持参ください。本書も一緒にご持参ください。読者サービスです。

発明学会の最寄り駅は、「都営大江戸線（地下鉄）・若松河田駅」です。

ＪＲなどの「新宿駅」で乗り換えるときは「新宿西口駅」をご利用ください。「新宿西口駅」

から、二つめの駅「若松河田駅（新宿西口駅↓東新宿駅↓若松河田駅）」です。

改札口を出てください。真正面の壁に案内用の地図があります。その地図に「一般社団法人発明学会」の場所が表示されています。

「河田口（地上出口）」を出て「職安通り」を左側方向へ歩いてください。
□①最初の目標は「河田口」を出てください。、
最初の目標は、すぐ左側に見える「交番」です。

正面は「青春出版社」です。
□②その次の目標は、そのまま歩道を200mくらい歩いてください。
最初の「信号」です。左側に「毎日新聞の販売所」があります。

道路をはさんで右側には「余丁町（よちょうまち）小学校」が見えます。
□③「毎日新聞の販売所」の角を「左折」してください。一方通行の細い道です。
□④10mくらい歩いてください。そこを「右折」してください。
ここも細い道です。
□⑤そこから、200mくらい歩いてください。
右側の5階建ての黒っぽいビルが「一般社団法人 発明学会」です。

「若松河田駅」から、徒歩約5分です。

遠方で面接相談にこられない方のために通信で手紙の相談も行っています。

本書を読んだ、と本の書名を書いて、明細書の形式にまとめた説明書と図面（イラスト）を送ってください。それで、添削指導を受けるといいでしょう。一言、本の感想も添えていただけると嬉しいです。

そのときのお願いです。用紙は、A4サイズ（横21㎝、縦29・7㎝）の白紙を使ってください。パソコンのワード（Word）、または、ていねいな字で書いて、必ず写し（コピー）を送ってください。

返信用の緒費用は、ご負担いただきます。「返信切手を貼付、郵便番号、住所、氏名を書いた封筒、または、宛名を印刷したシール」も一緒に送ってください。「一回・一件 体験相談」の諸費用は、返信用とは、別に一件、84円切手×8枚です。

これは、読者に対するサービスです。「発明ライフ（小冊子）500円」プレゼントいたします。

〒162-0055 東京都新宿区余丁町7番1号
一般社団法人 発明学会 気付 中本繁実 あて

読者の皆様、貴重な時間を使って、本書を最後まで読んでいただきましてありがとうございました。心から、お礼を申し上げます。

《著者略歴》

中本繁実（なかもと・しげみ）

1953 年（昭和 28 年）長崎県西海市大瀬戸町生まれ。

長崎工業高校卒、工学院大学工学部卒、1979 年社団法人発明学会に入社し、現在は会長。発明配達人として、講演、著作、テレビなどで「わかりやすい知的財産権の取り方・生かし方」、「わかりやすい特許出願書類の書き方」など、発明を企業に結びつけて製品化するための指導を行っている。初心者のかくれたアイデアを引き出し、たくみな図解力、軽妙洒脱な話力により、知的財産立国を目指す日本の発明最前線で活躍中。わかりやすい解説には定評がある。

座をなごませる進行役として、恋愛などのたとえばなし、言葉遊び（ダジャレ）を多用し、学生、受講生の意欲をたくみに引き出す講師（教師）として活躍している。洒落も、お酒も大好き。数多くの個人発明家に、成功ノウハウを伝授。発明・アイデアの指導の実績も豊富。東京日曜発明学校校長、工学院大学非常勤講師、家では、非常勤お父さん。

日本経営協会　参与、改善・提案研究会 関東本部 企画運営委員。

著作家、出版プロデューサー、１級テクニカルイラストレーション技能士。職業訓練指導員。

著書に『発明・アイデアの楽しみ方』（中央経済社）、『はじめて学ぶ知的財産権』（工学図書）、『発明に恋して一攫千金』（はまの出版）、『発明のすすめ』（勉誠出版）、『これでわかる立体図の描き方』（パワー社）、『誰にでもなれる発明お金持ち入門』（実業之日本社）、『はじめの一歩一人で特許（実用新案・意匠・商標）の手続きをするならこの１冊 改訂版』（自由国民社）、『発明・特許への招待』『やさしい発明ビジネス入門』『まねされない地域・企業のブランド戦略』『発明魂』『知的財産権は誰でもとれる』『環境衛生工学の実践』（以上、日本地域社会研究所）、『特許出願かんたん教科書』（中央経済社）、『発明で一攫千金』(宝島社)、『発明！ヒット商品の開発』『企業が求める発明・アイデアがよくわかる本』『こうすれば発明・アイデアで一攫千金も夢じゃない！ あなたの出番ですよ』『知識・知恵・素敵なアイデアをお金にする教科書』（以上、日本地域社会研究所）など多数。

監修に『面白いほどよくわかる発明の世界史』（日本文芸社）、『売れるネーミングの商標出願法』『誰でも上手にイラストが描ける！ 基礎とコツ』（共に日本地域社会研究所）などのほか、監修／テキストの執筆に、がくぶん『アイデア商品開発講座（通信教育）』テキスト６冊がある。

誰《だれ》でも発明《はつめい》家《か》になれる！

2020年3月16日　第1刷発行

著　者　中本繁実《なかもとしげみ》
発行者　落合英秋
発行所　株式会社 日本地域社会研究所
　　　　〒167－0043　東京都杉並区上荻 1-25-1
　　　　TEL　（03）5397－1231（代表）
　　　　FAX　（03）5397－1237
　　　　メールアドレス　tps@n-chiken.com
　　　　ホームページ　http://www.n-chiken.com
郵便振替口座　00150-1-41143
印刷所　中央精版印刷株式会社

ISBN978-4-89022-257-5

日本地域社会研究所の好評図書

完全マニュアル！ 発明・特許ビジネス
中本繁実著…発想のヒントから企業への売り込み・商品化までを発明学会会長が丁寧に解説してくれるビジネス書。出願書類の書き方はもちろん、そのまま使える見本・練習用紙付き。町の発明家が億万長者に大化けするかも…。

A5判236頁／2200円

空き家対策の処方箋 利・活用で地域・都市は甦る！
玉木賢明著…過疎化や高齢化などで全国的に増える空き家。地域の資源として有効に使い、手入れ・再生・復活するために専門の弁護士が法律問題だけでなく、先進事例や新しい取り組みなども紹介。行政や企業、地主・家主などの必読・必備書！

46判155頁／1680円

おいしい山野菜の王国 ～自然な山野菜の薬効成分と採り方・育て方・食べ方～
桜庭昇著／一般社団法人ザ・コミュニティ編…山菜採り・無農薬の自家菜園づくり30年の経験から、みんなの健康づくりにも役立つ本物の情報をおしみなく紹介！　農と食の王国シリーズ第3弾！

46判110頁／1000円

高島豊蔵自伝 北海道の子どもたちの夢と希望をひらいた真の教育者
高島豊蔵著／白濱洋征監修…理想の幼児教育を求めて、102歳で亡くなるまで生涯現役を貫いた園長先生の魂の記録。生きるとは、教育とは、戦争とは、学ぶとは何かを考えさせられる啓蒙の書。

46判153頁／1300円

老いてひとりを生き抜く！ ～暮らしに負けず、自分に負けず、世間に負けず～
三浦清一郎著…高齢になっても、独りになっても、老いに負けず、世間から取り残されず、生きがいをもって充実した楽しい人生を送るための指南書！

46判174頁／1480円

あなたの「アイデア」商品がお店に並びます！ 頭の体操！発明は楽しい
遠藤伸一著／一般社団法人発明学会監修…「アイデア」で数千万円の収入も夢じゃない！商品製作の基本や失敗しない商品開発、奇想天外な販路戦略など、ためになるオトク情報が盛りだくさん。発明は楽しいを実感できるうれしい1冊！

46判201頁／1700円

日本地域社会研究所の好評図書